UNE VIE PLUS HEUREUSE

Comment développer un bonheur et un bien-être authentiques à chaque étape de votre vie

Par Shar Khentrul Jamphel Lodrö

Édité par le Dr. Adrian Heckel

Dzokden

Auteur: Shar Khentrul Jamphel Lodrö
Traduction Française: Stéphane Giardino, Béatrice Tilemans
Edition Française: Marc Bouillaguet, Pierre Joseph de Souza

Première édition
ISBN: 979-8-9851574-4-4 (Livre de poche)
ISBN: 979-8-9851574-3-7 (ePub)

Publié par :
DZOKDEN

Ce travail est produit par Dzokden, une organisation à but non lucratif entièrement gérée par des bénévoles. Cette organisation est dédiée à la propagation d'une vue non sectaire de toutes les traditions spirituelles du monde ainsi qu'à l'enseignement du bouddhisme d'une manière à la fois totalement authentique et en même temps pratique et accessible à la culture occidentale. Cette organisation est plus spécifiquement dédiée à la diffusion de la tradition Jonang, un joyau rare issu de terres isolées du Tibet et qui préserve les précieux enseignements de Kalachakra..

Pour de plus amples informations, le programme des activités, autre, ou si vous souhai-tez offrir une donation, vous pouvez contacter:

Dzokden
3436 Divisadero Street
San Francisco, CA 94123 USA
www.dzokden.org
office@dzokden.org

Sommaire

Remerciements   vii

Préface de l'éditeur   ix

Introduction au bonheur   1

Explorer les conditions du bonheur   21

Semer les graines du bonheur   45

S'engager dans la bonne direction   65

Une deuxième chance de développer la sagesse   91

L'âge de l'expérience   127

L'âge de la sagesse   149

Préparer le départ de cette vie   167

Épilogue   197

Récapitulatif des exercices   201

Notes   207

Ressources   219

A propos de l'auteur   223

La Vision de Rinpoche   226

Remerciements

Je dédie les vertus de ce livre à mes parents qui m'ont mis au monde et ont pris grand soin de moi — jamais je ne pourrai leur rendre suffisamment grâce pour leur bonté. Je suis immensément heureux et reconnaissant d'avoir la possibilité d'écrire cet ouvrage, car je suis encore relativement novice en langue et culture anglaises et mon expérience de vie dans un pays occidental est quelque peu limitée. Je suis donc profondément reconnaissant à tous ceux qui ont contribué et apporté leur aide à la rédaction de ce livre, non seulement en faisant sens de mon anglais lacunaire, mais aussi en échangeant et offrant de nouvelles idées. J'aimerais tout particulièrement remercier le Dr Adrian Hekel pour son assistance considérable dans la création de ce livre, qui s'étendit bien au-delà de la simple édition. Je suis certain que l'intention et la motivation d'Adrian étaient sincères et entières. J'espère qu'en le lisant vous pourrez apprécier les efforts d'Adrian, car sans son aide ce livre n'aurait peut-être pas vu le jour. Je souhaite également exprimer ma reconnaissance à Julie O'Donnell, qui m'a aidé à commencer la rédaction du présent ouvrage et m'a apporté son soutien infaillible, sa générosité, dévouement et loyauté. Chaque fois que j'ai eu à travailler sur ce projet ainsi que sur d'autres, ce fut avec le soutien aimable de Julie, je ne pourrai donc pas l'en remercier assez et je n'oublierai jamais sa précieuse aide. J'aimerais enfin saluer et remercier toutes les personnes qui ont contribué à ce livre, et plus spécialement Stéphanie Davis, Mark Cleary, Lisa Jobson, Dorothy Welton ainsi que Kristy Peters. Je vous souhaite de trouver l'abondance et l'épanouissement sur la voie de votre développement spirituel.

Khentrul Rinpoché
Melbourne, Australie
Juillet 2015

Préface de l'éditeur

J'ai rencontré Khentrul Rinpoché il y a six ans. À l'époque, il venait d'arriver en Australie — il ne connaissait que quelques mots d'anglais et pratiquement personne. Pourtant, dans nos tentatives maladroites de communiquer, j'ai découvert qu'il avait une histoire à raconter qui était absolument remarquable, et que sa formation bouddhiste était hors pair. Lorsqu'il a mentionné l'idée d'écrire un livre sur le bonheur — il y a de cela plusieurs années —, il m'a fallu un long moment pour être convaincu que nous pouvions écrire quelque chose qui serait original et pratique, mais quelque temps plus tard, j'ai réalisé que bien que beaucoup de ses idées soient plutôt simples, la subtilité de la sagesse scellée en elles était singulièrement profonde.

Au même moment où je travaillais sur ce manuscrit, je terminais ma formation de médecin et étais employé dans des cabinets généralistes. Ce travail était comme une loupe grossissante, tournée sur le monde intérieur des Australiens ordinaires. Cela a été l'occasion d'être le témoin tant du dépit, de la souffrance et des afflictions qui frappent les gens au quotidien, que de l'incroyable force de joie et de résilience dont certains sont capables face aux pires des circonstances. Outre mon expérience personnelle, mon travail de médecin m'a convaincu que le bonheur n'est pas le fruit du hasard et qu'il ne s'agit certainement pas d'un fait banal. Nous devrions, sans l'ombre d'un doute, y réfléchir profondément. Après tout, qu'est-ce qui compte vraiment ?

En outre, dans mon métier de médecin j'ai remarqué que beaucoup de personnes semblaient ignorer la réalité de la souffrance, de la mort et des moments qui la précèdent. Souvent, ces personnes considéraient la spiritualité comme une affaire privée ou n'avaient pas réfléchi tant que ça aux enjeux plus profonds de la vie, car trop occupées par le quotidien. Dès lors, j'ai eu le sentiment qu'un livre comme celui-ci pourrait aider les gens à comprendre de quelle façon la spiritualité fait partie intégrante de notre expérience de la vie de tous les jours, plutôt que d'être conçue comme séparée. Peut-être pourrait-il servir de « pont » pour ceux qui ont grandi dans la culture occidentale et sont intéressés par une « vie spirituelle ».

Au cours de l'édition de ce livre, j'espère n'avoir d'aucune façon banalisé ou terni la sagesse que Khentrul Rinpoché a voulu transmettre, ni par mon style d'écriture ni par les ajouts que je me suis permis. Dans le but de rendre le contenu de ce livre plus accessible, j'ai fait de mon mieux pour croiser ses propos avec certaines parmi les plus récentes recherches en psychologie, référencées dans la section des notes. Une grande partie de ce travail est basée sur mes expériences lors de la conférence internationale « Le bonheur et ses causes », qui s'est tenue à Sydney, ainsi que sur l'expérience acquise lors de ma formation en médecine, et sur mes conversations avec des mentors ayant une grande expertise en conseil et en psychologie. J'espère que ces ajouts ne distrairont pas les lecteurs du message essentiel de ce livre et j'accepte humblement la responsabilité d'éventuelles erreurs ou omissions.

Enfin, je souhaite dédier ma contribution à ce livre à mes parents, qui ont toujours été présents pour moi, inconditionnellement. Aussi, je souhaite sincèrement que la lecture de ce livre vous aide à créer une différence concrète à la qualité de votre vie.

Adrian Hekel
Mars 2010

CHAPITRE 1

Introduction au bonheur

Vous pourriez vous demander pourquoi quelqu'un comme moi serait intéressé par l'écriture d'un livre sur le bonheur. Je n'ai jamais été à l'école, je n'ai pas de diplômes universitaires et je n'ai été exposé que très peu aux informations et aux technologies du monde moderne. Au lieu de cela, j'ai passé la plus grande partie de ma vie à vivre comme simple moine, isolé du reste du monde dans les montagnes reculées du Tibet.

Cependant, quand je réfléchis à ma vie, je me rends compte que j'ai vécu une incroyable variété d'expériences qui m'ont permis de comprendre ce qui est vraiment essentiel et important dans la vie, à tel point que je ne pouvais m'empêcher de vouloir explorer la question du bonheur et partager avec les autres ce que j'ai appris. Mon souhait sincère était d'écrire un livre sur le bonheur qui explorerait chaque aspect et chaque étape de la vie d'une manière qui est unique et utile à tous, qu'ils soient jeunes ou vieux, croyants ou non croyants, riches ou pauvres. J'ai voulu l'écrire de sorte qu'en le lisant attentivement, en réfléchissant sur ses contenus et en mettant en pratique certains exercices, cela puisse réellement changer votre ressenti du bonheur.

Lorsque je me retourne sur ma vie et me remémore les relations que j'ai eues, les décisions que j'ai prises et les leçons apprises, je ne peux qu'observer à quel point avoir à portée de main un guide ou un ouvrage pratique sur la manière de mener une vie de contentement heureuse m'aurait été d'une grande aide. Je me serais considéré chanceux de pouvoir lire un tel livre. C'est pourquoi j'ai décidé d'écrire le présent ouvrage, pensant que je suis désormais en mesure de partager quelques-unes de mes idées sur la façon de faire face aux défis auxquels nous sommes tous confrontés aux différentes étapes de nos vies et sur ce qu'est le bonheur véritable.

La plupart d'entre nous pensent qu'il est impossible de trouver le bonheur lorsque nous faisons face aux problèmes et aux conditions difficiles. J'ai appris avec le temps qui passe, que cela est en effet possible, car j'ai moi-même traversé un certain nombre de périodes éprouvantes et pourtant, depuis mon plus jeune âge je n'ai jamais été vraiment malheureux — je dirai même que je suis probablement plus heureux que beaucoup de personnes dont les vies sont aisées. Étant enfant, on m'a gardé à l'écart d'un statut social élevé et j'ai mené l'existence laborieuse de berger nomade de yaks dans les montagnes du Tibet où j'ai affronté des températures aussi basses que –30 degrés. À l'adolescence, j'ai trouvé un bonheur intense dans l'amour romantique que je croyais éternel ; or, après le décès de mon père, j'ai ressenti un sincère appel à honorer le souhait de mes parents de me voir devenir moine.

Comme j'ai commencé la vie monastique à un âge relativement tardif, j'ai eu du mal à être accepté et à m'adapter à ce mode de vie complètement nouveau. Je me mesurais à des moines qui avaient été entraînés à temps plein depuis leur enfance, alors que je n'étais qu'un simple berger de yaks. Plus tard, j'ai eu du mal à m'adapter à la culture et au mode de vie en Australie, car je ne connaissais absolument personne et je ne parlais que quelques mots d'anglais.

Mes nombreuses années de formation bouddhiste authentique, ainsi que mon expérience de vie riche et éclectique du monde occidental moderne, m'ont ouvert les yeux sur le fait que le bonheur ne dépend pas des conditions que les gens lui associent habituellement. J'ai eu la chance d'acquérir une compréhension plus profonde du bonheur, en ce sens que ce dernier peut être atteint en plein milieu des difficultés et des tourments plutôt qu'en fonction du degré de confort dans la vie. Lorsque je réfléchis à mes expériences personnelles, je réalise maintenant que ce sont les moments difficiles qui m'ont appris à être heureux, me donnant une force intérieure et une perspective renouvelée sur beaucoup de choses.

Lorsque je suis arrivé en Occident, où la culture, les modes de vie et les façons de penser étaient totalement différents, toute la compréhension du bonheur que j'avais acquise n'a été, à ma grande surprise, que fortifiée. Plutôt que de changer ma perspective, mes points de vue sur le sujet s'en étaient enrichis et approfondis. Cela s'est produit après que j'ai rencontré et parlé avec un grand nombre de personnes occidentales au cours de ces dernières années, et après avoir observé la vie en Occident, ainsi qu'après m'être familiarisé avec certaines notions de psychologie, de philosophie et de science occidentales. Je me suis attaché à inclure ces idées dans le texte dans l'espoir de rendre plus accessible la profondeur de la sagesse des traditions bouddhistes tibétaines (les références pour chaque chapitre sont présentées à la fin de l'ouvrage).

J'espère que ce livre sera comme un miroir à travers lequel vous pourrez voir l'ensemble de votre vie — le passé, le présent et le futur. Quand bien même vous seriez jeune, vous pourrez trouver les chapitres à l'intention des personnes plus âgées utiles. À l'inverse, vous pourriez être plus âgés et vous reconnaître davantage dans les chapitres consacrés aux adolescents et aux jeunes adultes. Je partage également mon expérience personnelle dans la tradition bouddhiste tout au long de ce livre. J'espère que certains d'entre vous trouveront cela utile, surtout si vous êtes curieux de ce qu'est la « vie spirituelle » qui est souvent mal interprétée par les gens du monde moderne. Je prie pour que ce livre vous aide d'une manière ou d'une autre à planifier et à vous engager à vivre une vie heureuse et emplie de sens, quelles que soient votre religion ou vos croyances.

QU'EST-CE QUE LE BONHEUR ?

Qu'est-ce que le bonheur ? Est-ce seulement se sentir bien ou joyeux, mener une vie confortable et voir ses désirs comblés ? Je pense que tout cela peut faire partie du bonheur, mais au fond, c'est bien plus que cela. Lorsque nous utilisons le mot « bonheur », souvent nous ne réalisons pas qu'il s'agit d'un sujet vaste et profond. Ce seul mot ne peut décrire adéquatement les degrés absolus du bonheur.

À la surface, le bonheur peut inclure le confort physique, l'exaltation intellectuelle ou les sensations momentanées de plaisir, ainsi que les sentiments d'amour et d'acceptation. À un degré légèrement plus profond, cela pourrait également se traduire par l'absorption dans une activité particulière ou dans un processus visant à atteindre un objectif particulier. Un état d'esprit heureux ne vient pas nécessairement avec l'atteinte des objectifs, mais plutôt au cours de la progression vers ces objectifs. À chacune de ces étapes et aussi, avec chaque étape, différents.

D'un point de vue plus profond encore, un certain degré de bonheur est atteint avec l'entendement que l'échec et la perte font naturellement partie de la vie. Grâce à cette compréhension, nous pouvons utiliser toutes les situations comme moyen de découvrir que le bonheur vient de l'intérieur, indépendamment des hauts et des bas de la vie. Cela conduit à un sentiment d'équanimité et de paix intérieure, avec une capacité accrue à contrôler nos émotions. Beaucoup de philosophies spirituelles et non spirituelles :

1. Reconnaissent qu'il existe plusieurs degrés de bonheur
2. Estiment que le bonheur peut exister en toute circonstance

Souvent, nous ne faisons l'expérience que d'un seul de ces degrés. Pourtant, si nous reconnaissons et apprécions véritablement ses nombreuses dimensions, les portes vers l'entendement et la réalisation des degrés de bonheur plus profonds s'ouvriront à nous. Cette compréhension conduit à un potentiel illimité de bonheur, lequel est bien plus grand que celui que nous n'avons jamais connu.

Qu'est ce que cela signifie « accepter » les côtés sombres de nos vies ? Généralement, nous tombons dans deux extrêmes : d'une part, nous ignorons la souffrance, qui est une partie inhérente de la vie ou bien, il se peut que nous soyons complètement obsédés par cette souffrance. Dans le premier cas, nous sommes protégés des réalités de la vie et pris par surprise lorsqu'un événement inattendu se produit, comme la perte d'un emploi ou la mort d'un être cher. Dans le second cas, nous sommes obsédés par ce côté sombre, tombant dans la dépression, la négativité ou la résignation, et nous ne parvenons pas à apprécier les nombreux bienfaits que la vie apporte.

Heureusement, il y a la voie du milieu, un point d'observation à partir duquel nous pouvons être conscients de la souffrance tout en étant conscients des bienfaits en même temps. Nous pourrions perdre toute notre fortune ou même un ami proche, tout en appréciant ce que nous avons, comme notre santé et un bon état d'esprit, et le fait d'avoir de la chance de vivre une vie pourvue de tant de choses. Le bonheur et le contentement ne peuvent donc surgir que lorsque nous apprécions réellement les aspects lumineux de la vie tout en ayant conscience que les aspects sombres sont naturels et dès lors nous ne sommes plus submergés par des événements malheureux. Nous ne pouvons vraiment apprécier la vie que si nous sommes conscients à la fois de sa nature épanouissante et de sa nature de « souffrance ».

Comprendre les côtés sombres de la vie accroît notre compassion, car nous réalisons que tous les êtres subissent les mêmes tribulations que nous. Nous pouvons alors faire naître en nous un désir profond d'être bienveillants et de développer un amour et une compassion impartiaux et inconditionnels, réduisant notre tendance à ne penser qu'à notre intérêt personnel. Cela nous amène à un degré de bonheur encore plus profond, nous incitant à consacrer notre vie à quelque chose de plus grand que nous-mêmes.

Finalement, le degré le plus profond et le plus intense du bonheur est la découverte de la « nature dépourvue d'un soi » innée, qui est l'essence même de notre être. Ceci constitue une source inépuisable de joie et d'amour inconditionnel, en tout point indépendant des circonstances extérieures. Dans la tradition bouddhiste, nous appelons cela notre « nature éveillée », que nous pouvons dévoiler en éliminant toute trace d'intérêt égocentrique[1]. Nous découvrons alors notre véritable potentiel d'être pleinement heureux, de maîtriser nos émotions et de profiter naturellement aux autres.

La psychologie moderne parle aussi de degrés différents de bonheur. Selon Martin Seligman, souvent reconnu comme le père de la psychologie positive, il existe trois degrés de base[2]. Premièrement, il y a le plaisir momentané que nous recherchons tous, puis il y a la joie qui vient de l'absorption dans une tâche particulière ou dans le processus de réalisation d'un but particulier, et enfin il y a le sentiment fort d'une raison d'être, et d'accomplissement, venant de la réalisation de la profondeur d'une vie emplie de sens, et qui peut encore être accru en développant des qualités vertueuses.

Bien que nous ayons chacun, des conceptions différentes de ce que le bonheur signifie pour nous, ses différents degrés s'appliquent à nous tous, peu importe qui nous sommes. Comprendre le bonheur de cette façon nous donne une appréciation beaucoup plus ample de son potentiel et de son pouvoir inouïs. Tout au long de cet ouvrage, je vous parlerai de la façon dont nous pouvons accéder à ces différentes dimensions du bonheur. Mon souhait est que chacun d'entre vous puisse s'y reconnaître et le mettre en pratique d'une façon adaptée à votre type de personnalité et à votre niveau actuel de compréhension. Cependant, j'insisterai sur le raffinement des degrés plus profonds où nous pouvons trouver l'épanouissement véritable, résultant de la compassion et de l'altruisme. Si nous réussissons à le trouver en nous, nous aurons découvert une profondeur d'être qui deviendra une source intarissable de joie, de paix, de contentement et de courage, peu importe les hauts et les bas que la vie nous réserve.

Le bonheur est-il à notre portée ?

Tous les êtres vivants ont le désir intrinsèque d'être heureux à un degré ou à un autre, peu importe leur situation ou leur âge. Certaines personnes peuvent être désenchantées de la vie et choisir des moyens peu judicieux pour atteindre le bonheur. Par exemple, certaines personnes peuvent blesser physiquement ou émotionnellement quelqu'un en pensant, dans leur ignorance, que cela leur apportera satisfaction et bonheur. Indépendamment de la façon dont les gens pensent parvenir au bonheur, il est important de prendre conscience que la recherche du bonheur et de la satisfaction sont de fait les forces motrices fondamentales à l'origine de tout ce que nous entreprenons. Ceci est un fait naturel et il ne sert à rien d'examiner les raisons de ce désir. Ce serait comme chercher à comprendre pourquoi le feu est chaud ou encore pourquoi l'eau est liquide, et ne nous serait d'aucune aide.

Cependant, ce qui est absolument nécessaire, c'est que nous examinions si oui ou non le bonheur est possible. Avons-nous tous un potentiel inné pour être heureux ? Dépend-il des causes et des conditions ? Et si cela est ainsi, quelles sont les bonnes causes et les bonnes conditions ? Ou serait-ce « le destin », quelque chose qui se produit simplement lorsque les choses « rentrent à leur place » ?

La réponse à la première question est oui, nous avons tous le potentiel inné d'atteindre le bonheur. Tous les systèmes de croyances à travers le monde, qu'ils soient théistes ou non, nous diront que le bonheur n'est pas une condition aléatoire ou le produit d'un heureux hasard ou de malchance. En outre, l'idée que nous avons chacun un potentiel délimité à faire l'expérience du bonheur qui ne peut pas être changé est remise en question [3]. L'expérience des cultures spirituelles traditionnelles tout autant que les recherches scientifiques modernes montrent que si nous cultivons l'état de bonheur avec diligence et adresse, nous pouvons certainement l'atteindre.

Dans le monde d'aujourd'hui et tout au long de l'histoire humaine, il existe des preuves concrètes que de nombreuses personnes ont atteint un degré de bonheur très élevé. Cela a souvent été le résultat d'un effort important ou d'un travail persévérant. Nous le savons à partir de leurs témoignages et des témoignages d'autres personnes, et nous pouvons le constater dans leurs actions. Il existe un certain nombre de personnes distinguées que nous pouvons même appeler « éclairées ». Tous sans exception, ils mentionnent le même potentiel inné d'éveil présent à parts égales en chacun de nous.

En second lieu, nous avons posé la question suivante : le bonheur dépend-il des facteurs causaux et des conditions ou bien est-il un simple coup de « destin » ? Oui, le bonheur dépend entièrement des causes et des conditions. Si nous nous penchons sur l'histoire de la civilisation humaine et que nous examinons attentivement notre propre expérience, nous constaterons que rien n'existe, qui est indépendant des causes et des conditions pour advenir. De la même manière, il est impossible que le bonheur survienne au hasard.

Du point de vue observable, nous sommes tous d'accord que rien ne se produit sans cause particulière. De même, la façon dont nous percevons les choses, y compris toutes les pensées et les émotions qui traversent notre esprit, dépend également des causes et des conditions particulières. C'est pourquoi nous pouvons parler du bonheur en ces mêmes termes.

LES CAUSES ET LES CONDITIONS FAVORABLES

Si le bonheur est définitivement réalisable, nous devons nous demander quelles sont les causes et les conditions lui permettant de se manifester. Ceci est de loin la question la plus importante et celle qui exige la réponse la plus complète. Je vais maintenant en donner un aperçu, puis j'y reviendrai au cours des chapitres suivants.

Tout d'abord, nous devons nous demander si la majorité des êtres humains sont vraiment heureux. En y réfléchissant en toute honnêteté, la réponse serait à n'en pas douter « non ». Bien que nous puissions sembler heureux, il subsiste souvent un sourd sentiment d'insatisfaction, ou l'impression qu'il nous « manque quelque chose » ou bien que nous sommes encore facilement ébranlés par des événements inattendus.

La plupart des gens croient que « si seulement ils avaient tant d'argent », ou « si seulement ils étaient en bonne santé ou s'ils avaient une apparence plus plaisante », ou « si seulement cette relation marchait bien », alors ils seraient heureux. Cette façon de penser nous conduit à un bonheur limité par le confort physique, l'agitation mentale, l'impression temporaire de plaisir ou d'être accepté et aimé. Nous ne remarquons peut-être même pas que nous passons toute une vie à poursuivre sans relâche des objectifs comme la richesse et le statut social.

Malheureusement, en raisonnant ainsi, nous faisons erreur sur les conditions — qui n'apportent là qu'un confort ou du plaisir passager —, en les confondant avec le bonheur lui-même. Nous pourrions être tant absorbés par ces conditions secondaires que nous sommes pris au piège par l'étroitesse de notre vue, en ignorant les conditions primaires. Dès lors, il est important de faire la distinction entre :

- Les conditions primaires — votre attitude
- Conditions secondaires — argent, relations, santé, beauté

Par exemple, il se peut que nous n'apprécions pas le bonheur véritable que nous trouvons en étant pleinement engagés et absorbés dans une activité que nous trouvons significative. Nous pourrions ne pas tenir compte du bonheur et du contentement venant de la gratitude et du plaisir fait des choses simples.

À un degré plus profond, le bonheur dépend de la perspicacité de notre entendement de la vie et de toutes les circonstances auxquelles nous faisons face. Un jugement avisé nous permet de voir que nous ne pouvons pas espérer que la vie soit facile ou qu'elle soit réussie, ou que nous obtiendrons quelque chose en travaillant laborieusement. Nous croyons que nous pouvons nous efforcer d'atteindre les objectifs que nous nous sommes fixés, quelle que soit notre conception du succès, et pourtant, en général nous n'acceptons pas que tout n'aille pas selon nos plans. Toutefois, même si nous venions à échouer, il est toujours important de persévérer, et il se pourrait que nos efforts aient un bénéfice sous-jacent considérable. Si nous sommes capables de réfléchir attentivement, nous serons mieux préparés à accepter le pire, quels que soient l'adversité ou les tourments que le sort nous réserve.

De même, nous pourrions être conscients que le véritable but de cette vie devrait être de nous concentrer sur le développement d'une compassion impartiale, l'effort d'aider les autres et de nous accepter tels que nous sommes réellement, plutôt que de nous attacher à l'image de nous-mêmes que nous essayons d'endosser.

Cela conduit naturellement à un état d'esprit où nous ne sommes plus insatisfaits et où notre complaisance envers nous-mêmes est considérablement réduite. Cette complaisance ne sous-entend pas nécessairement que nous soyons particulièrement égoïstes. Cela signifie plutôt que nous ne considérons pas les autres comme aussi importants que nous-mêmes ou que nous mettons nos intérêts personnels avant ceux des autres. Mettre ses intérêts en premier est une habitude commune et profondément enracinée et considérer les autres comme égaux à nous-mêmes requiert généralement une pratique assidue.

Enfin, la cause la plus importante et véritable du bonheur est la capacité à développer une bienveillance sincère et la compassion inconditionnelle. Un tel état d'esprit est le fondement réel du bonheur pour tous, quelles que soient leurs circonstances. Nous découvrons alors que nous concentrer sur le bonheur des autres nous rendra tout naturellement heureux, alors que le fait de ne se préoccuper que de notre propre bonheur peut conduire à la déception et à l'échec dans la poursuite de nos attentes. Si vous atteignez le degré le plus profond d'amour et de compassion, alors peu importe où vous êtes, vous vous sentirez chez vous. Vous serez capables de faire preuve d'une profonde compassion et d'une grande tolérance à l'égard de tous ceux que vous rencontrez, quelles que soient leur attitude et leurs actions, en vous sentant complètement à l'aise et confortable.

Habituellement, quand bien même nous avons une certaine forme de bienveillance et de compassion, elle est encore limitée ou partielle, étant associée à un certain degré d'attachement, d'égoïsme ou d'amour-propre. Par contre, en développant l'amour et la compassion de manière inconditionnelle, notre ressenti du bonheur peut devenir si intense et inébranlable que les émotions telles que la tristesse, l'abattement, la solitude et même l'anxiété n'ont que peu de chances de nous submerger. En fin de compte, la base de ce genre de compassion inconditionnelle est notre nature éclairée ou notre « altruisme » inné, quoique même la compassion limitée nous rapproche également de cet état.

L'IMPORTANCE DE L'ESPRIT

Rien n'est bon ou mauvais en soi,
tout dépend de notre pensée.
— William Shakespeare —

De la même manière que nous pensons que notre bonheur dépend des conditions extérieures, nous pouvons tomber dans le piège où nous croyons que notre malheur est déterminé par des conditions extérieures. Nous pourrions blâmer notre malheur sur le manque d'argent, ou nous pourrions avoir assez d'argent, mais travailler trop dur et ne pas avoir le temps pour des vacances. Nous pourrions blâmer notre patron qui ne nous respecte pas, ou notre partenaire qui ne nous aime pas assez. Cependant, ce ne sont pas les circonstances extérieures qui causent notre malheur, c'est notre état d'esprit.

Lorsque j'ai commencé à écrire le présent ouvrage, je venais d'emménager dans une nouvelle maison. Nous avons eu l'impression d'avoir payé plus que nous aurions dû et quelques jours plus tard, le système d'eau chaude était tombé en panne, ce qui nous a obligés de subsister avec des douches froides en plein hiver. Il était facile de nous sentir irrités et de nous morfondre sur notre triste condition. Cependant, en réfléchissant à notre situation, nous avons pu la considérer d'un point de vue différent. Nous avons réalisé que nous étions en fait très chanceux de posséder notre propre maison et d'avoir l'eau courante, car beaucoup de gens dans le monde n'ont même pas d'eau potable à boire. En envisageant notre problème sous cet angle nouveau et en appréciant ce que nous avions, plutôt que ce que nous n'avions pas, nous avons pu voir à quel point c'était une contrariété mineure.

Cet exemple est particulièrement trivial par rapport au nombre de défis auxquels nous devons faire face. Afin de vous donner un autre exemple, récemment la personne qui m'était la plus chère, ma bien-aimée mère, est décédée. De surcroît, plusieurs personnes envers lesquelles j'ai été bienveillant et en qui j'avais complètement confiance ont essayé de me causer du tort, malgré mes meilleures intentions de leur apporter mon aide. Tout d'abord, j'ai été extrêmement choqué. J'ai eu l'impression que mon monde entier s'était écroulé, que j'avais tout perdu et que le travail de ma vie entière avait été réduit à néant. Cependant, en prenant en considération les pires choses qui auraient pu m'arriver, j'ai réalisé que ma situation n'était pas si mauvaise. J'avais encore ma bonne santé et mon intégrité, je me sentais en sécurité et j'étais malgré tout entouré de personnes attentionnées qui prendraient soin de moi.

Lorsque je réfléchis à certaines autres de mes expériences, je me rends compte que le malheur apporte souvent des opportunités inattendues. En nous efforçant d'envisager ce genre de situations sous une lumière positive, nous pouvons grandement en bénéficier dans notre pratique de la gratitude. Cette situation particulière, par exemple, m'a enseigné des leçons importantes sur moi-même et que je peux dorénavant appliquer à l'avenir. Cela a également renforcé mes relations avec certains de mes proches.

Si nous apprenons à voir les choses sous un angle différent, nous pouvons alors apprécier tout ce que nous avons, par exemple l'eau courante et être conscients que ne pas avoir accès à de l'eau chaude pendant une courte période n'est pas si important. Nous pouvons aussi apprendre à prendre conscience, et accepter le fait que le malheur fait naturellement partie de la vie et qu'il est inévitable pour nous tous. Quelque chose peut sembler être un revers de fortune au premier abord, pour finalement nous enseigner des leçons importantes. En conséquence, qu'il soit question d'un ami qui se retournerait contre nous, de la mort d'un être qui nous est cher ou de la perte de quelque chose pour quoi nous avons travaillé durement, tout cela ne nous rendrait pas nécessairement malheureux. Quand bien même nous ressentions une tristesse intense, si nous pouvons apprendre à accepter des situations difficiles tout en maintenant une perspective ferme et assurée, nous éprouverons beaucoup moins de souffrance.

Comme l'explique Sa Sainteté le Dalaï-Lama, fondamentalement, les vraies causes du bonheur se trouvent dans nos esprits :

Je vous l'accorde, les circonstances extérieures peuvent contribuer au bonheur et au bien-être, mais en fin de compte, le bonheur et la souffrance dépendent de l'esprit et de la façon dont il perçoit.

COMPRENDRE LA SOUFFRANCE ET SES CAUSES

Les grandes philosophies de la plupart des cultures se retrouvent autour d'une idée commune selon laquelle, si nous examinons honnêtement notre situation, nous arriverons à la conclusion que le bonheur n'est ni un état inné ni un fait naturel de la vie — il est donc tout aussi essentiel d'accepter les « ténèbres » que de savourer la « lumière » de la vie. Malheureusement pour nous, il nous est trop facile de prétendre au « droit » d'accéder au bonheur véritable et nous nous attendons, par conséquent, à le trouver. Ce point de vue, cependant, conduira toujours à la déception.

Le premier pas vers le bonheur est de comprendre que la souffrance fait inévitablement partie de l'existence. Voyez autour de vous et pensez à tous ceux qui vous sont chers. À chaque instant qui passe, depuis le moment où ils ont vu le jour, ils prennent de l'âge et approchent de la mort. Nous ne pouvons pas savoir si untel ou untel aura une vie longue ou courte. Et vous en faites également partie. La maladie et la mort peuvent survenir à n'importe quel moment, sans crier gare et en dépit des meilleurs soins médicaux au monde, nous ne pouvons rien y faire. La plupart de nos expériences contiennent quelques éléments de souffrance — ne pas obtenir ce que nous voulons, obtenir ce que nous ne voulons pas, nous séparer des gens que nous aimons ou peut-être aimer quelqu'un qui ne se soucie pas tant que ça de nous. Nous pourrions même simplement faire l'expérience d'un sentiment général d'insatisfaction dont nous ne pouvons pas épingler l'origine, ce qui nous conduit à remettre en question toutes les conventions suivies par notre entourage. Les circonstances favorables sont également destinées à changer, peu importe à quel stade de la vie nous sommes.

Nous pouvons comprendre que la souffrance est inévitable quand nous admettons que, quand bien même nous nous appliquions de la naissance à la mort, nous ne trouverons jamais un bonheur permanent. À supposer que la vie ne contenait pas cette souffrance inhérente, mais en lieu de cela était « neutre » alors la plupart des gens trouveraient un bonheur véritable puisque tout le monde tend vers le bonheur depuis leur naissance et jusqu'à leur mort. Cependant, ce n'est pas le cas et il est rare de rencontrer quelqu'un qui a réellement atteint le bonheur véritable, donc, en supposant que nous parvenons à une quelconque sorte de bonheur, au lieu de le tenir en acquis, nous devrions apprendre à le chérir, et même à en être étonné. Nous devons nous rendre compte que trouver le bonheur dans une vie remplie de souffrances est comme trouver une cascade au milieu d'un désert!

Toutefois, je ne dis pas, puisque la souffrance fait partie de la vie, résignons-nous à l'accepter comme notre destin, car il n'y aurait aucun moyen de la surmonter. Si nous tombons malades, nous consultons un médecin qui nous explique les raisons de notre maladie et nous donne des médicaments supposés nous aider à aller mieux. De la même manière, si nous reconnaissons les souffrances pour ce qu'elles sont, nous pouvons alors réfléchir attentivement aux causes et aux conditions qui nous conduisent à la souffrance et au bonheur. Nous sommes souvent tellement obsédés par le bonheur ou par la souffrance que nous sommes convaincus que c'est dû à la bonne ou à la mauvaise chance. Nous essayons rarement d'identifier la cause en vue de la changer. Par conséquent, la chose la plus avisée à faire est de se pencher sur la racine ou la source du problème, comme un médecin identifiant la cause d'une maladie.

Cela conduit à la question de savoir quelle est la cause profonde de toutes nos souffrances et de notre insatisfaction. Étant donné que le bonheur et la souffrance ne sont pas directement causés par des événements extérieurs, comme nous le pensons souvent, mais plutôt par la manière dont notre esprit réagit aux événements extérieurs, nous pourrions dire que la source de notre souffrance vient d'une façon de penser rigide ou malavisée. Dès l'instant où nous échouons à accepter ce qui se passe autour de nous, nous sommes faits prisonniers dans le cachot de pensées et d'émotions négatives, telles que la colère, l'avidité, l'orgueil, la jalousie ou la peur. Ces émotions prennent le contrôle de nous, renforçant ainsi nos pensées négatives. Ce cycle se perpétuera jusqu'à ce que nous soyons finalement capables de nous détacher de ces émotions négatives et de les remplacer par des émotions saines et des façons positives de penser et d'appréhender les événements.

En d'autres termes, la souffrance et l'insatisfaction dépendent de la façon dont l'esprit s'attache obstinément à l'attente que la vie se déroule d'une manière toute tracée. Comme nous accordons tant d'importance aux événements extérieurs, soit nous nous y attachons, soit nous nous y opposons, et c'est cette attitude qui limite notre degré de bonheur.

Sachant cela, est-il alors possible d'atteindre un bonheur permanent ?

La réponse est un « oui » affirmatif, car le bonheur dépend des causes et des conditions comme je l'ai fait remarquer auparavant. Et plus précisément, il dépend du raffinement d'un esprit avisé et flexible qui n'est pas alourdi par le fardeau des attentes, mais élevé par de bonnes pensées et actions, comme l'amour inconditionnel et la compassion. Cette compassion sincère s'épanouit naturellement une fois que nous développons des qualités telles qu'une conduite éthique, la diligence et la sagesse.

Comme le bonheur et la souffrance dépendent tous deux de causes spécifiques, si nous abandonnons les causes de la souffrance et embrassons les causes du bonheur, nous pouvons être complètement certains que nous serons plus heureux et finirons par atteindre l'état inaltérable de bonheur permanent. Nous deviendrons alors comme un océan qui reste calme dans ses profondeurs, peu importe la hauteur des vagues à la surface. Bien que ce ne soit pas une tâche facile, en supposant que toutes les causes de la souffrance sont complètement éradiquées, alors le malheur n'est plus possible ! L'objectif de cet ouvrage est d'apprendre à surpasser les causes de la souffrance tout en multipliant les actions vertueuses afin d'atteindre cet état de bonheur véritable. La manière dont nous pouvons y parvenir sera abordée au cours de chaque chapitre.

SAGESSE ANCESTRALE, MONDE MODERNE

Nous pouvons approfondir davantage notre compréhension des vraies causes du bonheur en examinant certaines idées exprimées dans les philosophies occidentale et orientale, ainsi qu'en examinant les découvertes de la psychologie moderne et des neurosciences.

Tout ce dont j'ai parlé jusqu'à présent est fortement influencé par ma perspective en tant que moine bouddhiste, mais beaucoup d'entre les grands philosophes occidentaux ont également enseigné qu'afin de trouver un tant soit peu de bonheur, nous devons accepter la réalité de la souffrance[4] et prendre conscience qu'une façon de penser plus réfléchie pourrait nous aider à la surmonter. Sénèque, qui fut le précepteur de l'empereur romain décadent Néron, a pu observer directement les conséquences de la colère et de l'orgueil. En se fondant sur ses expériences, il a parlé du danger d'avoir des attentes irréalistes, qui nous font penser que beaucoup de circonstances sont injustes ou décevantes et nous conduisent ainsi à la frustration et à la souffrance.

Socrate, qui a affirmé qu'une « vie sans examen ne vaut pas la peine d'être vécue », a souligné l'importance d'utiliser un raisonnement logique pour remettre en question les préconçus que nous avons souvent, par exemple « être riche nous rendra heureux ».

Épicure quant à lui a avancé que les causes d'une vie heureuse émanent de la camaraderie, de la simplicité et d'une vie raisonnée ; trop se concentrer sur la poursuite du plaisir conduirait toujours à l'insatisfaction.

La psychologie moderne est d'accord avec ces principes généraux. Beaucoup de personnes dans notre communauté souffrent de dépression. Prenons une méthode de traitement de la dépression telle que la thérapie cognitivo-comportementale[5], dont l'objectif est d'aider les patients à prendre conscience de leurs pensées et perceptions négatives, puis de les remplacer par des pensées plus rationnelles qui reflètent mieux la réalité d'une situation. Par exemple, nous pouvons penser que nous sommes indignes si nous commettons une erreur, et ce jugement préconçu nous fait oublier que personne n'est parfait et que notre sens de valeur intrinsèque nous vient de nous-mêmes. Ce genre de thérapie peut aider certaines personnes souffrant de dépression tout aussi efficacement que les médicaments et elle peut également les aider à surmonter un nombre d'habitudes mentales nuisibles formées à partir des émotions destructrices comme la colère, la culpabilité et l'anxiété. Elle permet aux patients de reconnaître leurs modèles de pensées négatives, puis la discipline d'un entraînement mental régulier peut ensuite les aider à surmonter ces pensées négatives, et appréhender la réalité de leur situation avec davantage de clarté.

Bien que la psychologie moderne se soit principalement concentrée sur la compréhension et le traitement des maladies mentales, de nombreuses recherches ont été également menées ces dernières années sur les facteurs qui nous permettent de nous épanouir et accéder à un degré de bonheur bien plus élevé. Ce domaine de la « psychologie positive », qui se concentre sur le développement d'états d'esprit positifs, a conclu qu'il existe trois composants essentiels au bonheur, qui sont le plaisir, l'implication dans la vie et la recherche d'une raison d'être ou d'un objectif donnant un sens à la vie. De ces trois composants, la recherche a montré que le plaisir est de loin le moins important parmi les causes d'une vie pleine de bonheur et de satisfaction. Il existe plusieurs compétences que nous pouvons pratiquer afin d'accroître notre sens d'implication et de raison d'être, comme tenir un « journal de gratitude » ou agir de manière généreuse en présence des autres.

Parmi les nombreuses études psychologiques qui se penchent sur la question du bonheur, je voudrais en mentionner une qui est particulièrement intéressante (elle a été réalisée par Philip Brickman en 1978). Beaucoup de personnes rêvent de gagner à la loterie et pensent que s'ils gagnent tout cet argent, le bonheur serait à portée de main! Cependant, les psychologues qui ont mené des études auprès des gagnants de loterie ont constaté qu'ils n'étaient généralement pas plus heureux[6] un an après avoir gagné qu'ils ne l'avaient été auparavant. Les personnes devenues paraplégiques à la suite d'un accident ont également été interrogées. Sans l'ombre d'un doute, je serai d'avis que cela est un événement désastreux et en effet la plupart des paraplégiques ont admis que dans le mois suivant l'accident ils avaient pensé au moins une fois au suicide, pourtant, un an après l'accident la plupart se sentaient aussi heureux qu'ils avaient été avant de devenir paraplégiques ; en fait, la plupart étaient aussi heureux que les gagnants de la loterie un an après avoir gagné. Cette étude montre clairement que ni le bonheur ni le malheur ne dépendent des conditions extérieures. Le bonheur vient de l'intérieur et dépend de la façon dont nous percevons notre situation.

Est-ce que les scientifiques considèrent que tout le monde peut atteindre le bonheur permanent ? Les neuroscientifiques ont découvert que le cerveau a une incroyable capacité à changer lorsque nous nous entraînons à penser d'une manière particulière, ceci est connu sous le nom de neuroplasticité. Les expériences menées ont montré que si une personne est attentive à ce qui est observé ou fait, les zones du cerveau qui reçoivent des signaux visuels ou détectent des mouvements s'étendent. Par exemple, si nous passons de nombreuses années à jouer du violon, la zone du cerveau qui contrôle les mouvements des doigts[7] s'étendra. De la même manière, si nous consacrons une quantité de temps importante à nous concentrer sur les sentiments d'amour et de compassion[8], de nombreuses zones du cerveau notamment dans le cortex préfrontal gauche seront amenées à changer. La plupart des scientifiques croyaient que tout le monde avait un « seuil de bonheur », un certain degré de bonheur que nous ne pouvions dépasser une fois atteint à l'âge adulte[9]. Dorénavant, grâce aux apports de nombreuses études récentes, les scientifiques découvrent que le cerveau peut être transformé à n'importe quel âge.

Par conséquent, nous sommes en mesure de nous entraîner à accroître notre degré de bonheur, quel que soit notre âge, tant que nous connaissons les conditions nécessaires pour une vie heureuse.

CHAPITRE 2

Explorer les conditions du bonheur

Nous possédons tous un potentiel inné d'être heureux, mais nous devons prendre conscience des conditions spécifiques qui mèneront à la découverte de ce potentiel. Nous avons mentionné que le bonheur dépend de l'état d'esprit plutôt que des événements extérieurs, et qu'il dépend en outre de nombreuses causes et conditions liées à notre façon de penser et d'agir. Nous allons maintenant examiner attentivement ces conditions fondamentales du bonheur, qui s'appliquent, quel que soit le mode de vie d'une personne ou son âge. Pour commencer, nous allons explorer la question des besoins humains élémentaires.

LES BESOINS HUMAINS ÉLÉMENTAIRES

Tout d'abord, nous devons reconnaître qu'il existe certains besoins humains élémentaires qui, pour la plupart d'entre nous, doivent être satisfaits avant que nous puissions contempler les dimensions supérieures du bonheur. Certains individus réalisés au plus haut degré sont capables d'atteindre le bonheur indépendamment des conditions extérieures, comme certains yogis, lamas ou ermites qui vivent dans l'Himalaya. Ils atteignent un état de bonheur permanent en dépit d'une provision souvent frugale en nourriture, d'un logis rudimentaire et du manque de contact humain, et ce parfois pendant de nombreuses années. Cela peut être accompli uniquement après de longues années de pratiques spirituelles assidues. La plupart d'entre nous, cependant, auront à satisfaire les besoins suivants :

1. Besoins de subsistance

Cela inclut des choses telles que la nourriture, l'eau et le logement. Sans ces prérequis, il est impossible pour la plupart des gens de se concentrer sur des objectifs plus élevés.

2. Sécurité

Bien qu'il n'y ait aucune garantie de sécurité complète où que nous soyons dans le monde, nous devons avoir un logis basique pour nous protéger contre les éléments — comme la protection contre les incendies et les tempêtes — mais aussi pour nous protéger contre les attaques, parfois fatales, causées par d'autres êtres vivants.

3. Contact humain et communication

Si nous voulons participer à la société de manière significative, nous devons maintenir une certaine forme de communication avec les autres. Il peut s'agir de la communication directe avec d'autres personnes ou bien par le biais de l'écrit. La communication nous permet d'apprendre et nous offre une guidance dans la vie. Sans communication, il est extrêmement difficile d'avoir un impact bénéfique sur la société, quel que soit notre objectif.

4. Liberté

Il est crucial de comprendre qu'il existe différents types de liberté — externe et interne. Le bonheur est encore possible même en l'absence de libertés externes telles que la liberté d'expression ou la liberté d'accès à des soins médicaux. Cependant, cette absence rendrait plus difficile l'accomplissement d'objectifs que vous considérez comme importants. À l'inverse, la liberté intérieure, soit la liberté de nous distancier de nos émotions et désirs, est absolument nécessaire au bonheur. Je vous en dirai plus à ce sujet plus tard.

5. **Reconnaissance et respect**

Je ne fais pas référence à la renommée ou à la célébrité, mais plutôt à la reconnaissance par les autres que vous êtes un individu à part entière et que vous devez être respecté en tant qu'être humain autonome. Cela signifie que vous n'êtes pas simplement considéré comme un objet ou une commodité. Si vous vivez dans un pays démocratique, les droits et le respect dus à un être humain indépendant vous ont probablement déjà été octroyés.

Si chacun de ces besoins élémentaires est satisfait, le potentiel d'atteindre un degré élevé de bonheur nous est accessible, tout comme il est à tous les autres. Bien que cela puisse sembler surprenant, nous n'avons besoin de rien de plus. Si nous avons déjà la chance de voir ces besoins élémentaires satisfaits, mais que nous échouons à le reconnaître ou à l'apprécier, nous passons à côté de la précieuse possibilité de devenir une personne heureuse. Aspirer à quoi que ce soit de plus pourrait certes nous aider à devenir encore plus heureux, mais nos efforts acharnés pourraient tout aussi bien rendre notre situation plus compliquée ou aboutir à de la frustration.

Besoins et désirs

Les cinq besoins élémentaires mentionnés ci-dessus sont nécessaires à la subsistance et à l'accession aux conditions favorables au bonheur — à la fois à l'extérieur et plus important encore, intérieurement. En fait, ils sont essentiels au bonheur. Toutefois, ces besoins élémentaires ne doivent pas être satisfaits seulement de manière basique, et nous devons donc être capables de discerner la différence entre nos besoins et nos désirs. Qu'est-ce que je veux dire par cela ? En convoitant le luxe et en déployant nombre d'efforts afin de détenir toujours plus de biens extérieurs, nous pouvons certes éprouver du plaisir ou de la satisfaction, mais nous perdons peu à peu notre recueillement intérieur et par conséquent trouvons de plus en plus difficile de nous sentir véritablement heureux.

Nous pouvons survivre avec seulement de l'eau, du pain et des légumes, mais au lieu de cela, nous voulons généralement avoir une grande variété de différentes boissons et nourritures. Nous pouvons nous garder au chaud avec seulement une ou deux tenues modestes, mais au lieu de cela, nous voulons acquérir une garde-robe complète de vêtements à la mode pour consolider notre image de soi. Pour ce qui est du logis et de la protection, nous recherchons souvent le luxe d'une maison avec plus de pièces que ce qui est vraiment nécessaire. La poursuite d'autres biens matériels, comme le dernier modèle d'une voiture dont nous rêvions depuis des années, pourrait bien créer plus de difficultés et nous éloigner du bonheur.

Nous avons aussi beaucoup de façons de communiquer et de recueillir des informations — téléphones mobiles, Internet, télévision et journaux, pour n'en nommer que quelques-unes. Comme nous nous sommes habitués à la plupart de ces conforts, nous sommes prompts à nous sentir insatisfaits si nos attentes ne sont pas comblées.

De plus, beaucoup d'entre nous sont pris dans l'engrenage de la poursuite compulsive d'une vie que nous considérons comme meilleure, travaillant de longues heures et même nous endettant pour financer cette « vie meilleure ». Si, au contraire, nous faisions plutôt le choix de simplifier nos vies et acceptions un revenu plus modeste, nous pourrions avoir plus de temps libre à consacrer aux choses qui donneraient à nos vies un sens beaucoup plus profond.

Souvent, nous ne nous contentons pas d'être reconnus en tant qu'êtres humains, mais voulons être considérés comme quelqu'un de spécial, au-dessus des autres. Nous recherchons l'amour et l'acceptation, et voulons être tenus en haute estime par nos partenaires, notre famille, nos amis et notre communauté, souhaitant être vus comme tels par ceux que nous aimons. Par-dessus, nous avons une forte impulsion à tomber amoureux, ce qui pour la plupart d'entre nous est étroitement lié à l'attachement.

Cela peut entraîner de la jalousie, du ressentiment ou même du chagrin si les choses ne fonctionnent pas comme prévu. En conséquence, nous nous devons d'être très honnêtes envers nous-mêmes et de toujours nous rappeler qu'un grand chagrin pourrait se tapir dans l'ombre de l'amour romantique, et que nous n'en avons pas nécessairement besoin pour être heureux.

Bien que nous puissions penser que l'argent nous rendra heureux, ce n'est pas nécessairement le cas non plus. Bien évidemment, nous avons besoin d'argent pour subsister, mais ce que nous considérons comme suffisant dépend de notre approche. Beaucoup d'entre nous connaissent des gens riches qui sont bien moins heureux que ceux aux revenus modestes, et le cas des gagnants de loterie mentionné ci-dessus semble le confirmer.

Par conséquent, chaque fois que nous nous surprenons à vouloir plus d'argent ou à être indûment tentés par des possessions matérielles, ou à être sous l'emprise d'un quelconque désir, il est important de se poser la question suivante, de quoi avons-nous vraiment besoin ? Vous découvrirez bientôt que vous serez plus heureux à long terme si vous comprenez la différence entre les besoins et les désirs, et simplifiez votre vie en conséquence.

PLAISIR PAR OPPOSITION AU BONHEUR

Souvent, les gens pensent que le bonheur implique une certaine euphorie ou une sensation de plaisir. Nous éprouvons de la jubilation, par exemple, lorsque nous achetons notre première voiture ou maison, lorsque nous nous marions ou partons en vacances. Nous éprouvons du plaisir lorsque nous nous adonnons à notre passe-temps préféré, allons à la plage ou au cinéma, ou passons du temps avec des amis. Nous pouvons confondre ce sentiment momentané de plaisir avec le bonheur.

Toutefois, ce genre de « bonheur » est par nature bref et profondément instable, car il repose uniquement sur un stimulus extérieur. Lorsque nous sommes privés de ce stimulus extérieur, la sensation de bonheur disparaît.

Bien qu'il n'y ait rien de mal à éprouver du plaisir, il est crucial pour nous d'être conscients que ce n'est que le niveau de bonheur le plus superficiel. Être dépendant du plaisir nous empêchera d'accéder aux dimensions plus profondes du bonheur.

Un bonheur plus stable provient de l'acquisition de capacités mentales et du développement de certaines d'aptitudes. Il s'agit notamment de la satisfaction tirée d'activités telles que l'étude, la science, le sport, l'art ou la pratique religieuse. Cela inclut aussi des actions comme mettre au point une invention ou être profondément absorbés dans une activité à laquelle nous nous sommes voués. Cela ressemble au genre de bonheur dont nous faisons l'expérience lorsque nous sommes dans un état de communion[10] qui survient alors que nous sommes complètement absorbés dans notre travail ou dans une activité que nous apprécions. Cela se produit lorsque nous sommes tellement pris dans ce que nous faisons qu'il n'y a tout simplement plus de place pour l'ennui de surgir. Parce que nous aimons cela, et parce que nous nous sentons compétents, il y a bien moins de chances de ressentir de la tristesse ou de l'anxiété.

Ces deux types de bonheur sont plus stables que celui qui repose entièrement sur des sensations extérieures parce qu'ils proviennent en partie de l'intérieur et dépendent de notre attitude mentale. Néanmoins, ces types de bonheur ne sont pas non plus tout à fait stables. Par exemple, que se passe-t-il si le savant perd l'accès aux ressources pour une raison quelconque ? Ou que le scientifique est dans l'impossibilité de continuer sa recherche pour cause de manque de financement ? Si cela est la seule source de bonheur d'une personne alors elle pourrait bien sombrer dans le désespoir.

Une fois de plus, cela confirme que le bonheur véritable ne dépend d'aucun stimulus ou conditions externes. Il est constant, car c'est un sentiment qui provient entièrement de l'intérieur et qui est caractérisé par la sagesse, la compassion et l'entendement de la profondeur du sens de la vie. En faisant preuve d'une compassion sincère et de sagesse, ces qualités seront toujours présentes en nous, et complètement indépendantes des conditions externes. Cela ne signifie pas, cependant, que nous devrions nous abstenir d'activités qui nous procurent des plaisirs momentanés, mais plutôt que nous devrions nous assurer que tout ce que nous faisons est pénétré d'un sens profond et d'une raison d'être. Quelqu'un qui sait cela peut atteindre un niveau où il ou elle ne dépend plus des influences du monde extérieur. Une personne qui accède à ce genre de bonheur est parfaitement libre.

QUALITÉS MENTALES POSITIVES

Nous avons mentionné que peu importe la qualité de nos conditions extérieures, nous ne serons jamais vraiment heureux à moins que certaines qualités mentales positives ne soient présentes. Ces qualités mentales prennent leur source au plus profond de notre cœur et, lorsqu'elles sont cultivées, forment la base d'une personnalité mature, profonde et riche. Ces qualités, alignées sur les valeurs les plus importantes dans nos vies, sont ce pour quoi nous aimerions qu'on se souvienne de nous. Aussi, ce sont elles qui nous réconfortent et donnent un sens à nos vies dans les moments difficiles.

Les grands principes de ces qualités positives sont soutenus par la plupart des traditions religieuses et culturelles du monde. Indépendamment de la tradition, il existe différents niveaux de compréhension ou de maturité qui nous permettent d'adopter et de pratiquer ces qualités. Il est important de se souvenir que plutôt qu'un objectif en soi, ces qualités mentales décrivent une direction dans laquelle nous désirons continuer à avancer. Par exemple, si vous vous efforcez d'être empathique et attentionné envers les autres, cela représente un engagement qui façonnera la manière dont vous menez votre vie pour le reste de vos jours. Ce n'est pas quelque chose que vous atteignez et puis oubliez ensuite.

Si nous nous engageons à cultiver des qualités mentales positives, nous nous connectons à nos valeurs les plus profondes et, par conséquent, nous ferons nécessairement l'expérience d'un certain degré de bonheur et aurons le sentiment d'une vie emplie de sens. Chaque fois que nous mettons ces qualités bénéfiques en pratique, nous pouvons être sûrs qu'une graine sera plantée qui finira par mûrir en un véritable bonheur. Il est bon de penser au développement de ces qualités comme à un processus de cause à effet — d'une bonne graine émergera un bon résultat tandis qu'une mauvaise graine donnera un résultat néfaste. Certaines personnes trouveront que certaines de ces qualités leur viennent plus naturellement qu'à d'autres personnes. Cela est similaire à ce que l'on appelle les « forces de caractère » en psychologie moderne[11], et qui décrivent les traits de caractère positifs nous permettant de créer une vie riche et pleine de sens si nous nous appliquons à nous concentrer là-dessus.

Les qualités positives que nous devons cultiver sont divisées en deux catégories : directes et indirectes. Les qualités indirectes contribuent à notre bonheur en améliorant d'une certaine manière nos conditions extérieures, tandis que les qualités directes conduiront immédiatement au bonheur. Bien que difficile, il est toutefois possible d'être heureux en l'absence des qualités indirectes, mais nous ne pouvons jamais atteindre le bonheur sans les qualités directes.

Avant de détailler plus précisément quelles sont ces qualités, il est essentiel de mentionner l'importance de la sagesse et de la compassion. La sagesse est la synthèse de toutes les qualités que j'ai mentionnées plus bas et fait partie intégrante de ces dernières, et pourtant, elle se place, en même temps, au-dessus de ces qualités. La sagesse n'est cependant pas comparable à l'intelligence, car elle n'implique pas de connaissances étendues. Elle se définit plutôt par une compréhension juste et concrète de ce qui est vraiment important et par la manière d'appliquer cet entendement dans la vie quotidienne.

La compassion, elle aussi, est absolument nécessaire si nous voulons atteindre les degrés les plus élevés du bonheur. Mettre en pratique les autres qualités nous conduira à en faire l'expérience à un certain degré, mais c'est uniquement par le développement d'un état d'esprit ancré dans la compassion sincère ou l'altruisme que notre potentiel le plus élevé se dévoilera à nous. Au-delà de toute autre chose, nous avons donc besoin de compassion et de sagesse pour atteindre le bonheur.

Alors que nous mettons en pratique ces qualités, il est fort probable que nos attitudes et nos actions seront appréciées, affectant ceux qui nous entourent de manière positive. Néanmoins, l'inverse peut aussi être vrai et il se pourrait que certaines personnes réagissent négativement. Cela est ainsi parce que nous nous sommes engagés sur la voie du dévouement et ceux qui n'empruntent pas cette voie pourraient se sentir menacés ou ne pas comprendre les raisons qui nous y ont conduits. Leurs réactions pourraient se dresser comme des obstacles et être déraisonnables s'ils ne comprennent pas l'objectif final de ce que nous entreprenons. Cette situation requiert de nous de développer davantage de compassion afin de comprendre la source de leurs réactions négatives et d'y faire face de la manière la plus adroite et la plus appropriée. Cela peut alors devenir une occasion de pratiquer notre discipline spirituelle dans la vie quotidienne.

A. Qualités indirectes

La force de caractère

Si nous possédons un caractère fort ou courageux, nous pouvons mener à bien beaucoup de choses dans notre vie et tirer profit des joies et des satisfactions ainsi atteintes comme résultat. Quelqu'un à qui la force de caractère ferait défaut aura des difficultés à prendre des décisions et à atteindre ses objectifs, par conséquent cette personne trouvera bien plus difficile d'accéder au bonheur.

L'ambition, l'enthousiasme et la détermination

Voilà des qualités qui nous permettent d'atteindre bien des choses au cours de notre vie. Dans le cas où nous n'aurions pas de direction claire ou manquerions d'enthousiasme, nous risquons de tomber dans la complaisance ou la paresse et n'arriverons jamais à améliorer notre situation ni celle des autres. Notre vie pourrait alors devenir bien ennuyeuse. Et même si nous avons de l'ambition, le manque de volonté ou de détermination peut nous rendre facilement distraits et nous faire perdre notre précieux temps. Rappelez-vous, cependant, que travailler dur ne signifie pas que notre vie sera plus difficile ; les choses seront en fait beaucoup plus faciles avec le temps qui passe.

Bien que certaines personnes deviennent trop stressées sous la pression de leurs ambitions, cela est encore mieux que d'être paresseux, et nous en viendrons progressivement à apprécier le fait de travailler dur chaque jour, surtout si nos objectifs ont un vrai sens. Lorsque l'ambition est alliée à un bon cœur et à de la sagesse, nous pouvons être assurés de résultats positifs à l'avenir. Sans un cœur aimant ou l'altruisme, nous pouvons tout aussi bien réaliser de grands accomplissements, mais les conséquences peuvent être négatives si nous ne faisons pas attention, comme nous l'avons vu par le passé avec l'émergence des dictateurs qui ont causé beaucoup de tort.

La bonté, la prévenance et l'empathie

Ces qualités nous aident à créer et à maintenir de bonnes relations avec les autres, ce qui est important pour notre propre bonheur. En outre, nous constaterons qu'en étant bienveillant envers les autres, il est très probable qu'ils le soient envers nous — que ce soit immédiatement ou bien des années plus tard. Le mérite de nos actions croitra certainement, peut-être même d'une manière imperceptible, et les résultats positifs viendront tout naturellement. Personne ne peut atteindre le bonheur complet sans aider les autres.

Le respect des autres

En étant respectueux ou prévenant envers les autres en toute circonstance, il est certain que nous aurons moins de problèmes dans nos relations avec les gens et ainsi, nous serons plus à même de maintenir un état de paix et de tranquillité. Respecter les autres signifie agir avec humilité et courtoisie, et être prêt à comprendre leur point de vue ou à compatir à leurs limites, ce qui conduit naturellement à des sentiments de complicité, d'affection et d'harmonie dans les relations.

La patience

C'est une qualité importante, mais il est facile de se tromper sur la manière dont la patience doit être développée. Si nous pouvons améliorer une situation en prenant action, alors il n'est pas bon de rester à ne rien faire et de se dire « Je vais là pratiquer la patience ». Ce genre d'attitude est une forme de paresse ou de complaisance, ce n'est pas de la patience ! Avoir de la patience signifie que nous pouvons gérer ou faire face à toute situation difficile et l'appréhender avec tolérance, même si cela est frustrant ; ceci, sans perdre la présence d'esprit d'agir habilement et de manière appropriée plutôt que de simplement « abandonner » ou d'attendre sans prendre la peine de chercher une solution.

B. Qualités directes

La maîtrise de soi

Cela est absolument nécessaire pour gérer nos émotions, en particulier les émotions négatives telles que la colère et la jalousie, à moins que nous ayons une capacité exceptionnelle à utiliser ces émotions de manière constructive. Dans certaines cultures, les gens ont tendance à réprimer leurs véritables sentiments et émotions de peur de paraître insolents ou impolis, puis au fil du temps ces sentiments refoulés peuvent devenir incontrôlables. Ces personnes pourraient réagir par un excès d'emportement ou en battant retraite, et en s'éloignant de toute situation difficile, ce qui est bien pire qu'un échange normal d'émotions. Le point clé est donc de s'habituer à accepter et à contenir les fluctuations normales et saines de ces états émotifs plutôt que de les réprimer. Les émotions que nous pouvons apprendre à contrôler comprennent la colère et la tristesse (qui peut dégénérer en dépression si elle n'est pas maîtrisée), ainsi que nos attentes ou nos désirs irréalistes tels que l'amour romantique incontrôlé.

La gratitude

Si nous sommes reconnaissants pour tout ce qui nous entoure à chaque instant, il est alors presque impossible de se sentir déprimé ou malheureux. La plupart de nos malheurs trouvent leur source non pas dans les vicissitudes, mais dans le manque de reconnaissance, car ce manque brouille notre perception du monde extérieur. Sans gratitude, nous ne pourrons jamais être heureux, quelles que soient nos circonstances.

L'appréciation

Elle est étroitement liée à la gratitude, car si nous sommes reconnaissants nous serons naturellement appréciatifs. Généralement, les gens sont malheureux parce qu'ils oublient d'apprécier la multitude de bonnes choses qu'ils ont dans la vie. Certaines personnes choisissent de voir le monde d'un point de vue faussé où tout semble négatif indépendamment de ce qui se passe réellement. Sans appréciation, nous ne pourrons pas atteindre le bonheur véritable. Dès lors, il est particulièrement bon de prendre l'habitude d'apprécier toute bonne chose ou circonstance opportune qui se présente à nous, aussi insignifiante qu'elle puisse paraître.

Le contentement

Lorsque nous faisons l'expérience du bonheur, nous éprouvons de la satisfaction. Ce sentiment de satisfaction ne dépend pas des conditions extérieures ou de la prospérité, mais plutôt de la qualité intérieure qu'est le contentement. En l'absence de cette qualité, nous ne serons jamais complètement satisfaits — nous aurons toujours l'impression d'avoir besoin de quelque chose de plus. Nous aurons également l'impression que les autres sont mieux lotis que nous, ce qui nous entraînera dans une spirale d'émotions néfastes telles que la jalousie et l'avidité. Alors que cultiver le sentiment de contentement, c'est cultiver le bonheur lui-même. Certains individus ont tout naturellement un degré de contentement élevé et par conséquent, il leur est plus facile de développer cette qualité, tandis que d'autres pourraient avoir besoin d'y mettre plus d'efforts. Quoi qu'il en soit, c'est certainement une qualité que nous pouvons tous apprendre à développer et à entretenir.

L'humilité

Une attitude humble nous aide dans l'apprentissage du respect des autres ainsi qu'à tisser des relations soudées. À l'image d'un récipient ouvert ou d'une porte ouverte, cela permet à beaucoup d'autres bonnes qualités de venir nous emplir. L'orgueil et l'arrogance, en revanche, sont comme un récipient retourné ou une porte fermée, car elles nous font penser et agir d'une manière inflexible et nous empêchent d'apprendre de nouvelles choses. L'humilité est donc essentielle lorsque nous souhaitons apprendre des autres, les respecter, bien s'entendre avec et acquérir une perspective plus claire et compatissante de la réalité.

C. Les qualités directes et indirectes

L'estime de soi et la confiance en soi

Ces qualités sont indirectement responsables du bonheur, car elles sont nécessaires afin d'atteindre les objectifs que nous nous sommes fixés dans la vie. De plus, si nous nous sentons bien dans notre peau, notre esprit est automatiquement plus heureux ! Par conséquent, il suffit parfois de peu de choses, comme bien s'habiller ou aller chez le coiffeur, pour nous sentir mieux dans notre peau, ce qui contribue à notre confiance en nous-mêmes.

La concentration

Si nous sommes capables de nous concentrer et d'être attentifs à tout ce que nous faisons, nous trouverons plus aisé d'entraîner notre esprit à toutes les autres qualités. En étant conscients ou prêtant attention à ce qui se passe réellement dans l'instant présent, nous ne serons pas distraits par des pensées inutiles ou le bavardage mental.En outre, nous pouvons apprendre à faire d'un état de « flux » ou d'absorption au cours de nombreuses activités que nous entreprenons, ce qui conduit à plus de joie, d'efficacité et de productivité. Plus nous parviendrons à maintenir un état de calme intérieur, moins nous serons anxieux. Avec le temps, notre esprit deviendra clair, vif et fort.

Le pardon

Le pardon est directement lié au bonheur. Si nous apprenons à cultiver le pardon sincère, alors notre esprit ne pourra pas être perturbé par la colère ou par la rancune. Cela favorise un sentiment de paix intérieure. Le pardon est aussi indirectement responsable du bonheur, car lorsque nous pardonnons sincèrement aux gens, notre relation avec eux est assurée de devenir plus harmonieuse.

Le pardon est semblable à la patience en ce qu'il doit être pratiqué d'une manière avisée. Cela ne signifie jamais qu'il faut laisser les gens nous marcher dessus. Dans toute situation où quelqu'un nous fait du tort, bien qu'il soit crucial de toujours avoir une attitude de pardon, nous pouvons néanmoins essayer activement d'améliorer la situation. Le pardon ne signifie pas non plus que nous devons refouler les émotions telles que la colère — il est essentiel qu'en premier lieu nous reconnaissions toute colère ou rancune que nous ressentons, car ce n'est qu'après en avoir pris pleinement conscience que le véritable pardon peut avoir lieu.

La générosité

L'effet indirect de la générosité est garant de l'amélioration de nos relations avec les autres. En plus, lorsque nous faisons preuve de générosité et donnons aux autres de notre temps, notre énergie, des conseils, des biens matériels ou, pour ainsi dire, accomplissons n'importe quel acte de générosité, il est tout simplement impossible que nous nous sentions malheureux en même temps. Nos cœurs deviennent plus chaleureux et nous devenons plus sereins et heureux. Nous devons nous rappeler, cependant, qu'être généreux envers les autres ne doit pas compromettre notre capacité à nous aimer et à prendre soin de nous-mêmes. Il est crucial d'avoir un fort sentiment d'estime de soi et d'amour de soi comme base pour étendre cet amour ainsi que la générosité aux autres. Sans cela, nous serons limités dans ce que nous pouvons partager avec les autres.

La compassion

La compassion est essentielle si nous voulons mener une vie vraiment heureuse et les méthodes pour la développer sont expliquées en détail tout au long de cet ouvrage. La compassion, c'est être prévenants envers les autres et envers nous-mêmes d'une façon avisée, en ayant conscience, et en reconnaissant que nous tous, nous souhaitons être heureux. Le véritable bonheur ne peut jamais être atteint si nous le recherchons aux dépens des autres, alors qu'il est certainement atteint en ayant de la compassion pour les autres. Il est toutefois crucial que cela commence par la compassion et la prévenance envers nous-mêmes et cela inclut des aspects tels que bien se nourrir, faire de l'exercice et s'accorder des moments de repos pour « recharger les batteries ». Nous ne pouvons pas faire preuve de compassion envers les autres si nous ne savons pas comment prendre soin de nous-mêmes.

Lorsque nous ressentons une véritable compassion, peu nous importe si nous aimons ou détestons l'autre personne ou si nous la trouvons intelligente ou inintelligente. De la même manière que nous voulons être heureux, la compassion signifie que nous voulons aussi qu'ils soient heureux, reconnaissant que tout le monde a ce même désir. Cela a un impact à la fois direct et indirect sur notre bonheur. Lorsque nous faisons preuve d'une véritable compassion, surtout sans attendre quoi que ce soit en retour, nos actions envers les autres seront bienveillantes et aimantes et nos relations avec eux n'en seront que certainement meilleures. Mais plus important encore, notre propre esprit sera limpide et calme, comme un ciel d'été lumineux sans un seul nuage. Le véritable bonheur ne peut jamais être atteint si nous le recherchons aux dépens des autres, alors qu'il est certainement atteint en ayant de la compassion pour les autres.

BONNES ACTIONS

Alors, comment pouvons-nous développer ces qualités positives ? Ce n'est pas suffisant de rester assis là et de se répéter « Je dois être reconnaissant, je dois avoir confiance en moi » jour après jour. Nos pensées guident nos actions, mais en même temps nos actions ont une certaine influence sur notre façon de penser et sur les situations auxquelles nous faisons face. Parfois, nous n'avons pas l'expérience ou le discernement suffisants pour savoir comment agir dans une situation donnée. C'est pourquoi je mets à la disposition de tous des conseils spécifiques sur la façon dont nous pouvons mener une vie basée sur les bonnes actions tout au long de ce livre. Agir d'une manière éclairée et mature — nos actions guidées par les principes de bonne conduite éthique — nous conduira à une attitude mentale plus saine et fera de notre esprit un terrain fertile pour que le bonheur grandisse.

Au fur et à mesure que nous vieillissons et que les circonstances de nos vies changent, nous allons être confrontés à des défis différents, en conséquence j'ai fait part de conseils spécifiques pour les types de défis rencontrés aux différentes étapes de la vie. En filigrane de tous ces conseils, il existe un certain nombre de concepts ou de règles de base à suivre pour mener une bonne vie. Ces cinq règles (ou « Cinq Préceptes », comme nous les appelons dans le bouddhisme) sont tirées directement des enseignements du Bouddha. Cependant, ils se reflètent dans presque tous les enseignements moraux et religieux à travers le monde et fournissent un bon cadre éthique sur la façon dont on devrait mener notre vie (bien que leur interprétation puisse parfois être complexe!). Les cinq règles sont:

1. **Ne pas tuer**
    Cela signifie que nous ne devrions pas tuer ou faire du tort intentionnellement aux êtres vivants, y compris aux créatures telles que les moustiques, les fourmis ou les araignées. Tout être vivant éprouve des émotions telles que la peur et, par conséquent, nous devons donc respecter et protéger toutes les formes de vie. Cela s'applique également à la pêche récréative, qui peut causer aux poissons une douleur et un stress immenses simplement pour le plaisir personnel.

2. **Ne pas voler**
    Cela signifie que nous ne devrions pas nous approprier les biens matériels d'autrui sans leur permission et que nous devrions seulement prendre ce qui nous est donné de bonne grâce, sans manipulation aucune.

3. Ne pas mentir

Cela signifie que nous ne devrions pas mentir ou dissimuler la vérité pour notre propre bénéfice ou pour défendre nos intérêts personnels.

4. S'abstenir des comportements sexuels répréhensibles

Cela signifie que nous devrions nous abstenir d'activités sexuelles immorales pouvant avoir des conséquences néfastes pour nous-mêmes et pour les autres.

5. S'abstenir des substances intoxicantes

Cela signifie que nous ne devrions pas consommer des substances intoxicantes telles que l'alcool ou d'autres drogues, sachant qu'elles troublent notre esprit, détériorent le corps et ont des effets nocifs sur nous-mêmes ou sur les autres.

Lorsque nous parlons de bonnes actions, cela inclut également des choses que nous devrions faire pour prendre soin de nous-mêmes de la meilleure façon possible. De la même manière que nous devrions éviter de faire du tort aux autres, nous devrions également éviter de faire du tort à nous-mêmes en ne faisant pas attention à notre alimentation, en mangeant trop, en ayant un sommeil irrégulier ou en négligeant de faire de l'exercice. Au Tibet, la plupart des gens ont une vie ardue, ils ont donc tendance à faire beaucoup d'exercice pendant la journée et à adopter une alimentation saine. D'ailleurs, l'obésité y est pratiquement inconnue. Alors qu'en Occident, nous sommes souvent nés dans des sociétés au mode de vie sédentaire où l'exercice et une bonne alimentation sont facultatifs, et où nous sommes souvent trop occupés pour accorder de l'attention à ces aspects de nos vies.

Il va sans dire que l'exercice est bénéfique pour notre bien-être physique, et à présent nous savons qu'il est de même pour notre bien-être mental. Une étude récente, par exemple, a conclu que faire de l'exercice trois fois par semaine est aussi efficace pour certains patients souffrant de dépression que la prise d'un antidépresseur[12]. De plus, ceux qui prenaient uniquement les médicaments étaient beaucoup plus susceptibles de faire une rechute que ceux qui faisaient de l'exercice. D'autres études encore ont montré que l'activité physique régulière entraîne une diminution d'anxiété, un meilleur sommeil, une amélioration des fonctions mentales et d'estime de soi.

En tant que bouddhiste, je crois aussi que c'est un fait établi que nos actions quotidiennes ou notre karma contribuent aux événements qui se produisent dans cette vie et dans la vie suivante. Bien que vous ne partagiez peut-être pas ce point de vue, je pense qu'il est important de mentionner ces principes, car je crois qu'ils peuvent profiter à tous. Même si vous n'êtes pas familier avec la notion du karma, il peut toujours être utile de comprendre comment le plaisir ou la frustration que nous éprouvons dépend fondamentalement de notre manière d'interagir avec les autres.

SURMONTER LES ÉTATS D'ESPRIT NÉFASTES

Alors que nous avons besoin de cultiver et d'adopter des qualités mentales vertueuses, il est tout aussi important de reconnaître et d'abandonner les états d'esprit négatifs ou néfastes. Ce sont les principaux obstacles sur la voie du bonheur authentique. Ces qualités néfastes proviennent essentiellement d'un manque de discernement. Elles incluent :

- Le manque d'estime de soi
- La peur ou l'anxiété excessive
- La torpeur
- La complaisance
- Le mécontentement
- L'avarice ou l'avidité
- L'orgueil et l'arrogance
- Le déni

- L'égoïsme
- L'intolérance
- L'impatience
- La rancune ou la haine
- La colère incontrôlée
- L'ingratitude
- Le cynisme

À long terme, ces états d'esprit néfastes conduiront toujours à une augmentation des souffrances et de l'insatisfaction dont nous faisons l'expérience. Nous devons donc essayer du mieux que nous pouvons de les identifier et de les surmonter. Bien que l'éradication de nos tendances négatives ne soit pas une tâche facile, elle est certainement réalisable si nous nous y prenons habilement.

Comment faire, alors ? Pour commencer, si nous nous entraînons avec diligence à nous concentrer sur les qualités positives, en particulier la gratitude et la compassion, les qualités néfastes vont peu à peu s'estomper. Cela peut être comparé à un charpentier habile qui d'un coup de marteau extrait une grosse cheville de bois en utilisant une cheville plus fine. De plus, nous pouvons réfléchir sérieusement aux dangers ou désavantages des qualités néfastes, nous rappelant qu'elles résultent toujours en plus de souffrances pour nous-mêmes et les autres.

Bien que cet entraînement de l'esprit puisse être plus difficile que, par exemple, de perdre du poids, la persévérance dans un tel travail sera bien plus bénéfique à long terme. À mesure que notre esprit devient plus serein et stable avec le temps, les tendances néfastes s'atténuent graduellement et les bonnes qualités telles que l'amour et le courage s'épanouissent.

Beaucoup d'entre nous auront du mal à surmonter les émotions fortes, car elles sont fermement enracinées dans notre subconscient. Ces émotions et impulsions sont comme une ombre qui nous accompagne, même si nous ne sommes pas conscients de sa présence. Elles sont souvent liées à des événements pénibles de nos vies, dont nous essayons de nous débarrasser, de sorte que des déclencheurs particuliers seront associés à certains souvenirs douloureux ou à des croyances erronées telles que « Je ne suis pas assez bon. ». Elles reviennent nous hanter sous la forme de réactions néfastes telles que la colère incontrôlée, la honte ou l'anxiété, comme un oiseau qui s'abat en voyant une proie. Bien que ces émotions et impulsions négatives soient, dans une certaine mesure, partie intégrante de la condition humaine, la bonne nouvelle est qu'elles peuvent certainement être changées.

Que pouvons-nous donc faire au regard de ces émotions plus tenaces ? La clé est de répandre sur elles la lumière de la conscience compatissante. Plutôt que d'essayer de les nier, les éviter ou de combattre ces états intérieurs déplorables, qu'il s'agisse de pensées, de sentiments ou de souvenirs — ce qui risque de créer beaucoup plus de souffrance à long terme —, nous pouvons commencer par apprendre à les accepter comme faisant partie de notre condition humaine. Nous pouvons ensuite constater qu'elles n'interfèrent pas nécessairement avec notre capacité à vivre une vie riche et emplie de sens[13].

En outre, nous pouvons apprendre à reconnaître que sous les émotions « négatives » telles que la colère et la honte, se trouvent souvent une intense clarté, la hardiesse et un profond sentiment de prévenance. Avec de la pratique, nous pouvons apprendre à éviter les extrêmes de la colère incontrôlée d'une part, et d'un sentiment de honte ou de souffrance intérieure de l'autre. Ces deux réactions se fondent sur une perception erronée de la réalité, mais si nous ne considérons que l'expérience brute ou l'émotion initiale, avant que ces réactions ne prennent le dessus, nous pouvons transformer ces émotions en une expression de profonde bienveillance, à l'image d'un médecin expérimenté qui est capable de transformer une substance toxique pour nous, en un médicament. Nous pouvons alors choisir de laisser notre corps et notre parole s'exprimer avec assurance, en ayant l'esprit complètement exempt de colère incontrôlée ou de perceptions erronées, ou nous pouvons choisir de ne pas réagir, voyant que cela est la meilleure conduite à tenir, sans nous attacher à des réactions telles que la honte et la rancune, ou encore simplement reconnaître comment ces réactions ont pu être déclenchées dans le passé.

Souvent, nous avons des présomptions de longue date sur nous-mêmes et sur le monde dans lequel nous vivons, ce qui conduit à des préjugés néfastes qui déclenchent chaque fois de fortes réactions émotionnelles[14]. Cela peut encore être renforcé par une culture qui nous encourage à chercher le succès, à « passer à autre chose » et à ignorer une bonne part des problèmes auxquels nous sommes confrontés. Par exemple, nous pouvons avoir des idées préconçues sur la façon dont les choses devraient se passer dans notre vie, et que tout devrait être comme nous le souhaitons ou que nous ne sommes une bonne personne que si certaines conditions sont remplies.

Nous pourrions penser que le bonheur ne viendra que si nous continuons à nous efforcer d'être les meilleurs, de gagner l'approbation des autres ou de gagner beaucoup d'argent. Peut-être que nous croyons qu'atteindre le bonheur est un but irréaliste parce que notre situation est extrêmement difficile et nous nous sentons découragés ou déprimés. Alternativement, nous pourrions avoir une compréhension limitée de ce qu'est le bonheur et nous empêcher ainsi d'explorer ces degrés les plus profonds. À l'extrême, nous pourrions croire qu'il est tout simplement impossible d'atteindre le bonheur.

Ces préjugés sont tous des obstacles à la sagesse et, malheureusement, certains d'entre eux sont parfois renforcés par les gens et la culture qui nous entourent. Prendre conscience de ces préjugés peut nous aider à changer notre façon de penser et à apprendre à accepter ce qui est en train de se passer plutôt que de continuer à lutter contre les circonstances. Cela peut également conduire à de la compassion sincère envers ceux qui traversent des conflits intérieurs similaires — nous apprenons à toucher notre « point faible » et nous acquérons une acceptation humble de la condition humaine.

Afin de braver ces préjugés et de nous accepter vraiment, tels que nous sommes, il est important de pouvoir aborder ces sujets ouvertement avec les gens en qui nous avons confiance. Cela peut être un conseiller, un groupe de soutien, un ami proche ou une connaissance à qui nous reconnaissons une certaine sagesse, particulièrement s'ils ont vécu des expériences similaires à la nôtre. Nous devons aussi toujours nous rappeler que quelqu'un de moins expérimenté peut néanmoins être en mesure de nous aider. Assurez-vous également de consulter un médecin si vous vous sentez déprimé ou si vous êtes tellement dépassé par la vie quotidienne que vous êtes incapable de fonctionner normalement.

Tout en apprenant à accepter les tourments et les tendances négatives qui sont parties inhérentes à l'être humain, nous pouvons aussi commencer à créer une vie riche et emplie de sens pour nous-mêmes — et c'est l'objectif principal du reste de ce livre. En ce faisant, nous cultiverons naturellement des états d'esprit positifs tels que l'altruisme, tout en affaiblissant progressivement et éventuellement en transformant nos tendances négatives. De cette manière, nous pouvons peu à peu nous entraîner à contrôler nos émotions tout en acceptant qu'elles existent et en admettant la souffrance qui vient de leur présence. Quand nous ne sommes plus contrôlés par nos émotions et avons triomphé de l'habitude de nous faire passer en premier, nous allons enfin découvrir notre véritable nature dépourvue d'un « soi », la source d'où jaillissent naturellement toutes les bonnes qualités.

LE BONHEUR AU FIL DES ÂGES

Les causes fondamentales du bonheur restent les mêmes tout au long de notre vie, quel que soit notre âge. Tout le monde a le potentiel de cultiver l'esprit de manière permettant aux graines du bonheur de croître. Les caractéristiques mentales essentielles ou directes sont d'égale importance à tout âge. Les caractéristiques mentales indirectes ont tendance à fluctuer en importance, selon le stade de la vie auquel nous nous trouvons et les objectifs que nous visons.

Puisque chaque être humain a le potentiel d'atteindre le bonheur, quel que soit son âge, je vais discuter des différentes étapes de la vie et offrir quelques conseils pour chacune d'elles. Vous pouvez vous référer à la section qui traite spécifiquement de votre tranche d'âge, ou vous pouvez tirer des leçons de chaque section de l'ouvrage et trouver peut-être des conseils utiles sur le bonheur dont vous n'avez pas entendu parler auparavant. Vous pouvez également essayer d'identifier les qualités mentales bénéfiques qui vous viennent le plus naturellement et vous concentrer d'abord sur ces points forts. Vous constaterez alors que de nombreuses autres bonnes qualités se développeront naturellement dans la foulée.

Avant de commencer, cependant, je dois souligner que le bonheur exige un entraînement continuel de l'esprit, et pour certaines personnes, cela peut nécessiter une grande diligence et beaucoup de détermination. Tout comme les médecins ont besoin de longues années de formation avant de pouvoir pratiquer la médecine, la plupart d'entre nous ont également besoin de beaucoup d'entraînement, à la fois dans nos attitudes et nos actions, pour arriver à un stade où nous éprouvons une sensation de bonheur stable et constant. Je vous exhorte donc, à considérer cet ouvrage comme un bien précieux, et de vous y référer dans toute situation difficile, mais aussi lorsque vous vivez des moments plaisants. Souvenez-vous également que ce livre est l'une des nombreuses ressources disponibles et qu'il ne procure pas nécessairement la guidance la plus appropriée à votre situation. Il serait donc avisé de lire d'autres ouvrages ainsi que de chercher le conseil auprès d'autres personnes ou organisations que vous pensez à même de vous aider.

Mon espoir est que vous serez en mesure de vous souvenir des conseils qui s'appliquent à vous où qu'ils soient présentés dans ce livre. Il est important de ne pas se limiter à la compréhension intellectuelle de ses contenus, mais plutôt d'appliquer ces enseignements dans la vie quotidienne. En prenant ce conseil à cœur, je suis parfaitement sûr que vous ferez l'expérience d'une différence notable dans votre niveau de bonheur.

Semer les graines du bonheur

Le présent chapitre contient plusieurs histoires courtes conçues pour être lues à voix haute par les parents à leurs enfants ou par les enfants, s'ils sont en âge de les lire par eux-mêmes. Bien qu'un livre pour enfants soit généralement illustré par des images, des photographies et d'autres moyens simples et clairs de communiquer un message — et parce que cet ouvrage n'est pas destiné uniquement aux enfants — vous n'y trouverez pas d'illustrations. Par ailleurs, certains des messages contenus dans ces histoires sont plus complexes que ceux trouvés dans les livres pour enfants traditionnels.

D'une manière générale, les enfants sont naturellement plus heureux que les adultes, car ils n'ont pas à faire face à d'importantes responsabilités ni à des préoccupations majeures. Le bonheur est presque toujours à leur portée et ils peuvent jouer et se sentir joyeux sans que personne ait besoin de le leur apprendre. Pourtant, il est important de semer les graines du bonheur durable dès le plus jeune âge, de sorte que les enfants apprennent le discernement et trouvent ce bonheur à l'âge adulte. Les histoires courtes suivantes ont pour objectif de les guider dans la direction d'une vie heureuse, comme le feraient les panneaux de signalisation sur une route. Mon souhait est que les parents lisent et discutent les contenus de ces histoires avec leurs enfants, les aidant ainsi à planter les graines des bonnes qualités qui assurément les serviront tout au long de leurs vies[15].

L'HISTOIRE DU CONTENTEMENT

Il était une fois deux enfants, Jenny et John qui étaient cousins. Bien qu'ils fussent du même âge, soient allés à la même école, et aient grandi entourés des mêmes personnes, ils pensaient et se comportaient de façons bien différentes.

Jenny avait beaucoup de jouets très coûteux. Elle en était très possessive et refusait à quiconque de jouer avec, ou même de les toucher. Elle avait aussi beaucoup de vieux jouets qu'elle n'aimait plus ou avec lesquels elle ne jouait plus, mais elle refusait tout de même de les donner à d'autres enfants. Jenny n'était jamais contente et elle voulait toujours avoir de nouveaux jouets, même si elle en avait déjà beaucoup.

De son côté, John n'avait pas autant de jouets, mais il était content de ceux qu'il avait. Ce n'était pas un garçon difficile et il se réjouissait facilement. Il partageait toujours ses jouets avec d'autres enfants, en particulier avec ceux qui en avaient bien moins que lui. John n'avait besoin que de peu de choses pour se sentir heureux. Lorsqu'il n'y avait pas de jouets autour, il s'amusait à jouer avec des cailloux, des brindilles ou tout autre objet qu'il avait à disposition.

En grandissant, les deux cousins ont gardé leurs habitudes. Jenny n'était jamais contente de ce qu'elle avait et voulait toujours en avoir plus. Elle n'était pas contente de son petit-ami, bien qu'il fût très gentil et l'aimait beaucoup. Elle pensait qu'elle pouvait trouver quelqu'un de plus beau et plus intelligent. Jenny avait de bons amis et beaucoup de choses et pourtant, peu importe ce qu'elle possédait, elle n'était jamais contente ni vraiment heureuse. Elle n'a pas changé en prenant de l'âge et elle est devenue une femme complexée, malheureuse et esseulée.

John, quant à lui, avait gardé sa nature reconnaissante et contentée par ce qu'il avait déjà. Il était toujours détendu et respectueux dans ses relations avec les autres. Il est devenu un homme heureux et apprécié par tous, avec beaucoup d'amis formidables et une famille soudée, aimante et saine. Partout où il allait, il apportait de la joie. John se sentait contenté depuis son plus jeune âge. Il semblait savoir que le bonheur ne consistait pas à accumuler les possessions, mais plutôt à partager ce qu'il avait avec les autres.

Auquel des deux enfants aimerais-tu ressembler, et pourquoi ? Parles-en à quelqu'un, peut-être à ta mère ou à ton père. Comment répondraient-ils à cette question ?

L'histoire de l'amitié[16]

Il était une fois une pie qui vivait dans les branches d'un saule, au bord d'un lac. Dans les eaux de ce lac, non loin du saule, vivait une tortue. Il y avait aussi un cerf qui venait souvent s'abreuver au lac. Les trois animaux étaient des amis très proches.

Un jour, lorsque le cerf s'est approché du bord du lac pour boire, il a été pris dans un piège laissé là par un chasseur. Son pied était pris au collet par de solides cordes. En entendant ses cris, la tortue et la pie ont devisé de la meilleure façon d'aider leur ami.

La pie a proposé « Tortue, ma chère amie, comme tes mâchoires sont fortes et robustes, tu pourrais les utiliser pour mâcher les cordes jusqu'à ce qu'elles rompent. Pendant ce temps, je trouverai un moyen d'empêcher le chasseur de revenir au lac. »

Et donc, la tortue commença à mâcher les cordes, alors que la pie s'envola en direction de la cabane du chasseur.

Le matin suivant, le chasseur est sorti de sa cabane portant un couteau aiguisé dans ses mains. Tout à coup, la pie surgit et fondit sur le chasseur, l'attaquant au visage de toutes ses forces encore et encore. Étourdi par ces attaques, le chasseur s'est précipité à l'intérieur de sa cabane, mais sans trop attendre, il se faufila au-dehors par la porte arrière de son logis. Comme la pie était futée, elle s'attendait à ce qu'il le fasse. En un clin d'œil, elle s'est de nouveau abattue sur le chasseur, l'attaquant au visage avec ses serres puissantes. Dissuadé par cette deuxième attaque, le chasseur a conclu que c'était une bien mauvaise journée et a décidé de se reposer, pensant qu'il serait préférable d'attendre le lendemain.

Malheureusement pour les trois amis, le matin suivant, le chasseur s'était mieux préparé à une éventuelle attaque de la pie en se couvrant le visage avec un chapeau. Incapable d'arrêter le chasseur, la pie se dépêcha de retourner dans la forêt pour avertir ses amis.

« Le chasseur s'approche ! » cria-t-elle.

À ce moment-là, la tortue en était presque venue à bout de la dernière corde qui était dure comme de l'acier et ses mâchoires étaient désormais en sang et à vif. À l'instant où le chasseur apparut au loin, le cerf rassembla toutes ses forces et d'une ruade, réussit à rompre la dernière corde et à s'enfuir dans la forêt.

Furieux de voir le cerf s'échapper, le chasseur ramassa la tortue, laquelle était bien trop épuisée pour s'enfuir et la plaça dans sa sacoche en cuir, qu'il accrocha à la branche d'un arbre voisin. Puis, il partit à la recherche du cerf.

Caché derrière des buissons, le cerf vit le danger que courait la tortue. « Mes amis ont risqué leur vie pour moi », pensa-t-il « Je dois maintenant faire de même pour eux ». Et donc, en prenant un air épuisé, il s'est présenté à la vue du chasseur.

Ce dernier, croyant que le cerf serait une proie facile à capturer, se lança à sa poursuite. Une fois qu'ils étaient au plus profond de la forêt, le cerf s'est soudainement engaillardi et a détalé à toute vitesse jusqu'à être hors de la vue du chasseur, puis il a couvert ses traces de sabots et il retourna au lac. À l'aide de ses bois, il décrocha la sacoche du chasseur et en fit sortir la tortue. La tortue a alors pu se traîner jusqu'au lac et s'y cacher, tandis que le cerf retourna dans la forêt.

En arrivant au lac, le chasseur trouva sa sacoche vide sur le sol. Frustré et dépité, il ramassa son couteau et rebroussa chemin vers sa cabane. Il s'est senti tellement découragé qu'il en est venu à penser qu'il ferait aussi bien d'abandonner la chasse, et travailler à la ferme voisine à la place !

La tortue et la pie avaient sauvé la vie du cerf et, à présent, le cerf avait sûrement sauvé la vie de la tortue. Qui plus est, en voyant leurs solides liens d'amitié et la façon dont ils se sont pris pour s'entraider, le chasseur en était venu à la décision d'abandonner la chasse. Voyant à quel point ils se souciaient les uns des autres, il se rendit compte qu'il serait mal de les tuer, tout comme il serait mal de nuire à ses propres amis.

Imagine que tu es la tortue dans cette histoire. Pense aux amis que tu t'es faits dans cette vie. Qui serait la pie ? Qui serait le cerf ?

Qu'est-ce qu'être l'ami de quelqu'un signifie pour toi ? Comment peux-tu montrer à une personne que tu es son ami ?

L'HISTOIRE DE L'ACCEPTATION DE SOI

Il était une fois un jeune garçon appelé Alex. Quand il était tout petit, il s'était retrouvé piégé dans une maison qui avait accidentellement pris feu. Il avait été secouru juste à temps par deux pompiers courageux, mais il a dû être hospitalisé et a subi plusieurs opérations en raison de ses graves brûlures. À présent, il avait une vilaine cicatrice qui s'étendait du côté gauche de son cou jusqu'à son bras gauche.

Alex était très timide à l'école parce qu'il était gêné par son apparence. Son uniforme scolaire ne cachait pas complètement ses cicatrices, et il était souvent moqué parce qu'il avait l'air différent des autres enfants. Les enfants ne se sont jamais demandé ce qu'Alex pouvait ressentir lorsqu'ils se comportaient de la sorte.

« Alex, l'homme reptile », l'appelaient-ils avec cruauté. Il aurait aimé être plus grand et plus fort pour avoir assez de courage de riposter à ces moqueries. Au lieu de cela, il s'éloignait en silence et trouvait quelque endroit à l'écart où il serait seul, loin des remarques cruelles des autres enfants.

Un jour, le jardinier de l'école avait vu Alex se faire brimer et l'approcha.

« Je vois que ta vie n'est pas facile, » dit-il d'une voix chaleureuse et emplie de sympathie, « Peut-être cela pourrait-il t'aider si je te racontais une petite histoire. »

Alex hocha la tête.

« Il y a bien longtemps, il y avait une maison qui, de l'extérieur semblait horriblement laide et vétuste », commença le vieil homme. « Le toit était rouillé et la peinture des murs s'effritait. »

Même la tuyauterie était complètement rouillée et fuyait à chaque grosse averse. À l'intérieur, elle était exiguë et la cuisine était toute petite. Il n'y avait même pas de télévision. Néanmoins, il y avait dans cette maison une belle cheminée qui illuminait le lieu avec son grand feu accueillant et un canapé très confortable sur lequel les visiteurs pouvaient passer la nuit. Les voisins et bien des amis y venaient souvent pour une visite. Ils restaient éveillés jusqu'à tard, blottis autour de la cheminée, partageant des histoires et passant de merveilleux moments ensemble. »

« Et donc, » conclut le vieil homme, « bien que la maison ne fût pas belle de l'extérieur, à l'intérieur c'était un endroit fort apprécié par tous ceux qui s'y trouvaient. Et c'est ce qui compte vraiment en fin de compte. »

Alex avait compris la leçon. Cela n'avait pas vraiment d'importance qu'il ait une vilaine cicatrice et qu'il soit moqué à l'école, parce que ce qui comptait c'était le genre de personne il était à l'intérieur. Bientôt, les enfants ne l'ont plus taquiné, car ils ont vu qu'Alex ne se fâchait plus. Un autre groupe d'enfants a alors commencé à jouer avec lui et l'a accepté comme un bon ami.

Alex a appris à s'accepter tel qu'il était et en ce faisant, il a pu regagner confiance en lui-même. D'autres l'ont remarqué et l'ont respecté pour cela.

Ne t'es-tu jamais senti comme Alex ?

Es-tu capable de t'accepter et de t'aimer tel que tu es ?

Discute de cette histoire avec tes parents. Comment devrais-tu te comporter si d'autres enfants venaient à te taquiner ?

L'HISTOIRE DE LA CONSCIENCE

Il était une fois un groupe d'enfants qui s'étaient rassemblés dans la clairière d'une forêt pour écouter les paroles d'un sage connu sous le nom de Bouddha, qui était de passage dans leur village.

Bouddha cueillit une belle rose rouge et la montra aux enfants. Il ne prononça pas un mot et tous restaient parfaitement silencieux. Il tenait la fleur de la manière la plus délicate, la plus exquise, son index et son pouce posés le long de la tige dans le prolongement de sa main. Il tint la fleur ainsi pendant un long moment, toujours en silence. Tous se demandaient ce que l'éclairé voulait dire par ce geste.

Finalement, Bouddha leva les yeux vers les enfants et sourit. « Les enfants », dit-il « cette rose est belle et extraordinaire. Alors que je la tiens, vous avez l'occasion d'en faire l'expérience. Vous avez l'occasion de vous rapprocher d'une réalité extraordinaire, de vous rapprocher du sens de la vie elle-même. »

« Vous pourriez vous demander : pourquoi tient-il cette rose ? Quel en est le sens ? Cependant, si votre esprit est préoccupé par de telles pensées, vous ne pouvez pas prendre pleinement conscience de la fleur. De la même manière, être perdu dans ses pensées est ce qui nous empêche, entre autres, de nous connecter vraiment à la vie. Si vous êtes accablés par la frustration, l'anxiété, l'inquiétude ou la jalousie, vous perdrez la possibilité de vous connecter vraiment à tout ce qu'il y a d'extraordinaire dans la vie. »

« Il existe des personnes pouvant traverser une forêt entière sans jamais remarquer un seul arbre. De même, bien que la vie soit par-

semée de souffrances, elle contient également d'innombrables merveilles que beaucoup ne voient pas. »

« Soyez donc attentifs, afin de voir tant les souffrances que les
merveilles de la vie. Ainsi, vous serez en communion avec la vie et
en ferez l'expérience profonde. Vous comprendrez alors la vie, et cet
entendement vous amènera à aimer l'ensemble, dont nous faisons
partie. »

Les enfants ont été profondément touchés par les paroles du sage,
et chacun s'est promis de vivre une vie de pleine conscience. Ils ont
promis d'apprécier les merveilles de la vie qu'ils rencontraient tous
les jours, comme cette belle rose.

*Quand as-tu remarqué une belle fleur pour la dernière fois, ou quoique ce
soit d'autre qui te rappelle le merveilleux de la vie ?*

*Essaye de remarquer quand tu es perdu dans des pensées telles que l'in-
quiétude ou la frustration. Vois si tu peux, à la place, entrer en contact
avec la vie telle qu'elle est et observe comment cela peut changer la façon
dont tu te sens.*

L'histoire de l'appréciation

Sur les sommets enneigés des montagnes qui s'étendent entre l'Inde,
le Népal et la Chine se trouve un pays connu sous le nom de Tibet.
Dans sa partie centre est, il y a un petit village appelé la Vallée heureuse. Les habitants du village n'ont pas d'électricité, pas de voitures
ni de bus, pas de téléphones, pas de télévision et pas de jouets. Ils
n'ont même pas de maisons. Au lieu de cela, ils vivent dans des tentes
faites de poils de yak.

Dans ce village vit une famille de quatre personnes. Le père
s'appelle Yéshé et la mère Tara. Ils ont deux enfants, un garçon appelé Yori, qui a six ans, et une fille appelée Tchimé, qui a quatre ans.

Chaque matin, Yori se lève à six heures, prend son petit-déjeuner et passe le reste de la journée à faire paître un troupeau de deux cents yaks dans les montagnes. Les yaks se dispersent, aussi il court constamment après eux, essayant de les garder rassemblés. Il n'a que peu de temps pour se reposer pendant la journée. Yori ne mange qu'une fois rentré à la maison pour le dîner. Il apprécie sincèrement son dîner chaque soir et il est reconnaissant à sa mère de l'avoir préparé.

Sa sœur, Tchimé, se lève à sept heures du matin, prend son petit-déjeuner, et se prépare pour aller chercher de l'eau à la rivière qui, bien qu'elle se trouve loin, est la seule source d'eau qui ne soit pas gelée. Comme elle est très jeune, Tchimé ne peut transporter qu'une petite quantité à la fois, et donc toute la journée elle doit faire des allers-retours de leur tente à la rivière jusqu'à ce qu'ils aient assez d'eau. Le sol est très glissant parce qu'il est recouvert de neige, Yori et Tchimé ont très froid parce que la température tombe parfois à -30 degrés.

Pourtant, Yori et Tchimé sont reconnaissants pour la nourriture qu'ils mangent et l'amour qu'ils reçoivent de leur famille et c'est pour cela qu'ils sont heureux. Ils grandissent contents et prévenants l'un envers l'autre, ainsi qu'envers leur famille et leurs amis. Ils sont pauvres, mais ils mènent une vie heureuse et saine parce qu'ils ont appris à travailler l'un pour l'autre et non pas seulement pour eux-mêmes.

Et voici une autre famille qui vit loin du Tibet, dans un quartier huppé de Melbourne, en bord de mer. Il y a deux enfants dans cette famille, un garçon de trois ans qui s'appelle Peter et une fille répondant au prénom de Carly âgée de cinq ans. Ils ont chacun leur chambre avec une télévision, un ordinateur et beaucoup de livres et de jouets pour s'amuser. Ils reçoivent de nombreux cadeaux magnifiques à Noël et à leurs anniversaires. Et tous les ans, la famille passe des vacances à l'étranger, dans des pays comme l'Angleterre, l'Italie et la Grèce.

Alors que les enfants grandissent, ils ne vont plus à plage aussi souvent qu'ils en avaient l'habitude. Au lieu de cela, ils restent dans leurs chambres à regarder des films ou à discuter en ligne. Peter propose aux enfants des voisins de jouer avec lui dans le jardin, mais ils lui disent de les laisser tranquilles. Bientôt, Peter apprend à s'amuser par lui-même en jouant tout seul aux jeux vidéo. Leur père est de plus en plus occupé au travail et ne rentre à la maison que très tard, tandis que leur mère a de nombreuses réunions.

Avec le temps, la distance s'installe entre les membres de la famille et ils ne passent plus beaucoup de temps ensemble. Ils ont chacun leur manière de se divertir et ils n'ont pas besoin d'être en compagnie les uns des autres. Peter devient taciturne et ne parle pas beaucoup parce qu'il a pris l'habitude de passer du temps seul à jouer aux jeux vidéo. Carly passe le plus clair de son temps au téléphone avec des garçons, et sort tard dans la nuit, se promenant dans les rues avec ses amis et parfois en buvant trop d'alcool. Comme leur mère est souvent occupée à travailler pour le compte de différents comités, elle ne remarque pas ce qui est en train de se passer dans sa famille, elle se contente de s'assurer que tous ont de nouveaux vêtements à porter et de l'argent pour sortir.

En apparence, la famille paraît tout avoir — tous ces biens matériels censés nous rendre heureux. Cependant, avec le temps, ils sont de plus en plus distants, esseulés et isolés. Ils ont perdu de vue la multitude de faveurs dont ils bénéficient et ont échoué à voir l'importance de la prévenance des uns envers les autres, ce qui les a rendus incapables de faire l'expérience du bonheur véritable.

D'après toi, comment aurait agi la famille de Melbourne si ses membres avaient été plus conscients des conditions favorables dont ils bénéficiaient ?

Comment peux-tu être davantage conscient des bonnes conditions dont tu bénéficies ?

Comment pourrais-tu te rappeler d'être reconnaissant pour ce que tu as reçu et d'en faire le meilleur usage ?

Tu pourrais tenir un journal où tu écrirais, en fin de journée, toutes les choses pour lesquelles tu es reconnaissant. Peut-être pourrais-tu demander de l'aide à ta mère et à ton père pour le faire.

L'histoire de la compassion

Il était une fois une famille de quatre personnes ; une mère, un père, un fils et une fille. Le garçon s'appelait Adam et la fille, Anne. Malheureusement, leur père était alcoolique et leur mère toxicomane. À cause des addictions de leurs parents, ils étaient très pauvres et souvent, ils ne pouvaient même pas pourvoir à leurs besoins les plus basiques tels que la nourriture et l'habillement.

Comme ils n'avaient pas de voiture et pas d'argent pour d'autres moyens de transport, les enfants sont allés à la seule école à distance de marche de leur maison. Ce n'était pas une très bonne école. Les professeurs n'étaient pas attentionnés, les bâtiments étaient défraîchis et les classes surchargées. Il était difficile aux enfants d'apprendre dans ces conditions.

Parfois, la famille n'avait rien à manger — les placards étaient complètement vides. Lorsqu'il en était ainsi, Adam et Anne allaient ensemble à la paroisse locale pour trouver de la nourriture. Ils sont devenus bons amis avec le prêtre, qui était un homme très gentil et compatissant. À chacune de leurs rencontres, il leur enseignait la bienveillance et la compassion et les enfants mettaient en pratique ses conseils dans leur vie quotidienne.

« Pratiquer la compassion vous donne davantage de force intérieure et de calme, » leur disait-il. « Vous serez ainsi en mesure d'aider les autres, et même si vous ne le pouvez pas, peu importe, car vous gagnerez toujours à pratiquer la compassion. »

Après y avoir longuement réfléchi, Adam et Anne ont réalisé que cela devait être vrai. Ils ont essayé de pratiquer la compassion partout où ils allaient et à l'encontre de tous — même les gens qu'ils n'appréciaient pas. Ils ont toujours mis les besoins des autres avant leurs propres besoins. Ils imaginaient ce qu'ils ressentiraient s'ils étaient à la place des autres. Ils l'ont mis en pratique chaque jour et ils se sont rapidement rendu compte qu'ils en ont oublié leurs propres problèmes, parce que leurs pensées étaient tournées vers les autres. Comme conséquence, ils ont développé une grande force intérieure et ne se sont jamais sentis accablés par leur situation.

Cette pratique de la compassion a commencé à la maison. Leurs parents se querellaient souvent et leur mère était déprimée la plupart du temps. Adam et Anne ont tous les deux essayé de l'aider en lui disant que tout irait mieux et qu'elle n'était pas une mauvaise mère. Bien que leur père se mît parfois en colère contre eux, ils se sont efforcés de ne pas lui en vouloir. Il était miné par le stress et les soucis dans sa vie et bien que ses actions fussent mauvaises, ils savaient qu'il était une bonne personne qui, au fond, souhaitait que lui-même et sa famille soient heureux.

Adam et Anne ont acquis de la notoriété et ils étaient traités avec respect dans leur communauté. Grâce à leur aide, les parents ont réussi à surmonter leurs addictions. Les enfants ont alors aidé les amis de leurs parents qui avaient des problèmes similaires. Ils rendaient souvent visite aux personnes âgées et aux malades. Ils étaient toujours gentils avec leurs voisins. Un jour, un reporter de télévision qui avait entendu parler d'Adam et d'Anne a décidé de tourner un reportage sur les « enfants charitables ».

Comme résultat de cette exposition médiatique, de l'argent a été recueilli par la communauté afin que Adam et Anne puissent poursuivre de bonnes études. Ils sont allés dans une bonne école, puis à l'université, tous deux obtenant de très bonnes notes. Une fois leurs études terminées, ils sont retournés dans leur communauté et sont devenus de très bons professeurs. Ils enseignaient aux autres tout ce qu'ils avaient appris eux-mêmes; que nous pouvions tout changer en mieux tant que nous pratiquions la compassion! Nous pouvons changer notre relation avec nos parents, nos amis, ainsi qu'avec de parfaits étrangers, et nous pouvons même changer le monde d'une certaine manière.

Aimerais-tu vivre une vie de compassion comme Adam et Anne ?

Quelles sont les choses sur lesquelles tu devras faire l'impasse, si tu pensais toujours aux autres avant toi-même ? Quels bénéfices en tirerais-tu ?

Comment pourrais-tu agir avec compassion dans ta vie dès aujourd'hui ?

UNE HISTOIRE DÉDIÉE AUX ENFANTS PLUS ÂGÉS — L'HISTOIRE DE LA LIBERTÉ INTÉRIEURE

Il y avait dans la ville de T'ien-chu deux garçons chinois qui étudiaient dans la même école et étaient de bons amis. L'un s'appelait Fuzu et l'autre Jujan. Les pères des deux garçons avaient été tués par des soldats du gouvernement chinois. Une lourde tristesse accablait les cœurs des deux garçons.

Ils ont demandé à de nombreux adultes pourquoi leurs pères avaient été tués. Les adultes leur ont dit : « Malheureusement, nous n'avons pas accès aux droits de l'homme ni à la liberté réelle dans ce pays. »

Souvent, ils demandaient aux adultes « Comment pourrait-on être libre ? » Certains ont répondu qu'ils ne pourraient jamais être libres, étant convaincus que les gens seraient toujours sous le contrôle du gouvernement et qu'ils devaient simplement s'y résigner.

D'autres leur ont dit que s'ils étudiaient le droit alors, peut-être qu'ils pourraient être relativement libres. Donc, après avoir terminé leurs études secondaires, les deux garçons ont décidé d'étudier le droit, car ils voulaient trouver une réponse à leur question. Cependant, ils se sont vite rendu compte que, bien qu'en théorie la loi soit juste et équitable, ce qui était écrit n'était pas toujours mis en pratique. Malheureusement, de nombreux fonctionnaires et policiers étaient corrompus. Si quelqu'un signalait un crime, il n'y avait souvent pas de poursuites judiciaires, parce qu'un pot-de-vin avait été payé pour y mettre fin. Les deux garçons ont alors réalisé que connaître la loi n'était pas d'une grande aide — avoir de l'argent l'était bien plus. Par conséquent, ils ont abandonné leurs études de droit, car ils ont conclu que cela était inutile.

Un jour, les deux garçons ont organisé une rencontre avec un politicien à la retraite, qui était expert des lois internationales et de la politique. Ils lui ont posé la même question : « Comment pouvons-nous atteindre la liberté ? »

Il leur a répondu « Si vous voulez la liberté individuelle, vous devez émigrer dans un pays démocratique comme la Suisse ou les États-Unis. Toutefois, si vous voulez la liberté intérieure, vous devez vous adresser à un moine éclairé et expérimenté; il vous expliquera. »

Fuzu ne comprenait pas ce que le politicien entendait par « liberté intérieure », bien qu'il comprenne parfaitement ce que signifiait la liberté individuelle. Il a confié à Jujan, « Je veux aller à Shanghaï pour ensuite essayer de partir aux États-Unis. Viendras-tu avec moi ? »

Jujan a répondu : « Avant de chercher la liberté individuelle dans un pays occidental, peut-être devrions-nous d'abord découvrir ce qu'est la liberté intérieure. »

Fuzu n'était pas d'accord, alors il est allé à Shanghaï par lui-même et s'est ensuite procuré un visa touristique pour les États-Unis. Une fois sur place, il a pu obtenir un visa de réfugié.

Au début, Fuzu pensait que sa nouvelle vie aux États-Unis était formidable. Il était très satisfait du système politique et des nombreuses opportunités qui se présentaient à lui pour lui permettre de vivre la vie qu'il voulait. Il a trouvé un bon emploi et s'est marié avec une Américaine avec laquelle il a eu quatre enfants. Il voulait avoir beaucoup d'enfants parce qu'en Chine un seul enfant par couple était autorisé.

Cependant, malgré leurs libertés individuelles, Fuzu et sa femme n'étaient pas satisfaits de ce qu'ils avaient. Ce mécontentement a fini par briser leur mariage, qui s'est terminé par un divorce. Fuzu s'est remarié deux fois par la suite, mais les choses n'ont fait qu'empirer au lieu de s'améliorer. Il a eu beaucoup d'enfants de ses différentes épouses, mais n'avait que rarement l'occasion de passer du temps avec eux, car tous étaient occupés par leur quotidien. Sa vie est devenue stressante et solitaire. En fin de compte, il s'est tourné vers l'alcool et les drogues pour faire face, tant bien que mal, à sa situation. En raison de cela, son état mental tout autant que son état physique s'est rapidement dégradé.

Pendant ce temps, Jujan a organisé une rencontre avec un moine chinois et lui a demandé comment il pouvait atteindre la liberté intérieure.

Le moine répondit, « Je ne peux pas te donner de réponse immédiate, mais si tu deviens moine alors, peut-être tu trouveras la réponse à ta question sur la nature de la liberté intérieure par toi-même. Il y a un monastère tibétain appelé Zamthang dans la province du Sichuan, où tu pourrais te rendre. J'ai visité ce monastère il y a quelques années de cela et j'ai été très impressionné. Le seul problème est qu'ils ne parlent pas le chinois, seulement le tibétain. »

Jujan remercia le moine pour ses conseils. Il se sentit tellement inspiré par le nom du monastère qu'il s'est immédiatement mis en route, voyageant jusqu'à sa destination en bus puis en camion. Lorsqu'il est arrivé et qu'il a rencontré l'abbé, Lama Lobsang, il a été profondément ému. En regardant le lama dans les yeux, il comprit que le moine connaissait le secret d'une liberté intérieure plus profonde encore qu'il n'avait jamais imaginé. Bientôt, Jujan a fait part au lama de son souhait de consacrer sa vie à atteindre la liberté intérieure.

Le lama lui demanda, « En es-tu certain ? Il n'y a aucune garantie quant au temps que cela prendra, mais si tel est ton souhait, tu dois étudier la langue tibétaine et les pratiques bouddhistes. »

Jujan était déterminé. Il a été ordonné moine bouddhiste, et se mit à apprendre la langue tibétaine avec diligence, ainsi qu'à étudier les textes bouddhistes avec l'aide d'un traducteur. Après trois ans d'études, il était capable de lire et de communiquer couramment en tibétain. Dès lors, il consacra les huit années suivantes à l'étude du bouddhisme, de ses pratiques et de la médiation. Il est devenu un excellent exemple de moine bouddhiste.

Un jour, les autorités chinoises visitèrent le monastère de Jujan, comme ils le faisaient avec tous les monastères tibétains et ont exigé que tous les moines signent un formulaire. Ce formulaire était écrit en chinois, donc les moines n'avaient aucune idée de ce qu'ils signaient ; on leur avait tout simplement dit qu'il s'agissait d'un consentement au regard des « ennemis du pays ».

Jujan a lu le formulaire et a été très contrarié de découvrir que les Chinois cachaient la véritable intention et le sens contenus dans le formulaire. En fait, il s'agissait d'une déclaration selon laquelle les moines s'opposaient au Dalaï-Lama, le chef spirituel bouddhiste. Jujan a refusé de signer le formulaire et a demandé aux autres moines de faire de même. Puis, une bagarre a éclaté entre Jujan et l'un des fonctionnaires chinois. Ils ont essayé de l'arrêter, mais Jujan s'est battu courageusement, et certains des autres moines ont même essayé de l'aider. Après s'être débattu ainsi pendant quelques minutes, il a réussi à se libérer et à s'échapper, pensant que c'était là sa meilleure option. À la suite de cet incident, Jujan savait qu'il n'était plus sûr de retourner au monastère, alors il a décidé de rassembler ses affaires et de rejoindre un petit groupe de Tibétains qui traversaient les montagnes de l'Himalaya à pied, dans l'espoir de rejoindre l'Inde.

Les fugitifs ont dû emprunter une longue route pour éviter les soldats chinois, et le voyage a fini par leur prendre un mois et demi.

Beaucoup ont été blessés en cours de route, car les pistes étaient escarpées et glissantes, couvertes de glace, de neige et parfois de broussailles denses et épineuses. Pendant la traversée, Jujan est tombé amoureux d'une jeune femme tibétaine qui faisait partie du groupe, Pema. Comme elle avait fréquenté une école chinoise, elle parlait couramment le chinois. Ils ont commencé à se parler et ont vite découvert qu'ils avaient beaucoup de choses en commun.

Après de nombreuses péripéties, ils sont arrivés au centre d'accueil des réfugiés tibétains au Népal, puis ont poursuivi leur route vers l'Inde. Quand ils sont finalement arrivés, ils ont dû s'inscrire dans un pensionnat pour adultes, où plus d'un millier de réfugiés tibétains adultes étaient nourris, logés et éduqués gratuitement. Seul un petit nombre parmi les étudiants étaient des femmes, parce qu'il était généralement plus facile pour les hommes de parcourir ces longues distances et les femmes étaient donc rares.

Un jour, un homme très aisé et avec un certain statut est tombé amoureux de la petite amie de Jujan et le couple s'est séparé. Jujan en avait le cœur brisé. Il n'arrivait plus ni à étudier ni à dormir. Il a quitté l'école, mais il n'avait nulle part où dormir ni rien à manger alors, il est allé dans un monastère pour demander l'aumône et a dormi dans la forêt pendant plusieurs semaines. Bientôt, il a décidé qu'il ne pouvait pas continuer à vivre comme ça.

Il s'est dit, « J'ai enduré tant de souffrances et mon cœur a été brisé. Je n'ai que faire de l'argent, des petites amies ou de ce que les autres pensent de moi. Maintenant, je vois la vérité et ces choses ne sont pas la véritable source de bonheur, je veux juste vivre une vie simple et revenir à mon objectif initial. Ce que je veux par-dessus tout, c'est trouver la liberté intérieure. »

Il s'est rendu à l'office du Dalaï-Lama et il a été décidé qu'il recevrait une allocation pour la nourriture et d'autres nécessités, à condition qu'il s'applique à pratiquer sincèrement. Ils ont mis à sa disposition l'une des cabanes de retraite haut perchées dans la montagne, au milieu de la forêt afin qu'il y vive. Il y est resté pendant quinze ans, l'esprit complètement absorbé et découvrant sa nature paisible, affranchi du contrôle exercé par des pensées et des émotions.

La plupart des gens ne savent pas contrôler leurs émotions et donc, par exemple, si quelqu'un est assez malchanceux pour se faire voler quelques biens, ou de tomber malade, ou encore de voir une relation qui lui est chère prendre fin, il est généralement attristé ou déprimé. Contrôlés comme ils le sont par leurs émotions, les gens réagissent ainsi, mais Jujan a surmonté l'emprise que ses émotions avaient sur lui. Il s'est parfaitement remis de son chagrin d'amour et n'était plus esclave des hauts et des bas émotionnels. Il ne pouvait vivre que de peu de nourriture pour toute subsistance et était complètement heureux dans sa solitude. Il était même capable de se guérir de toutes ses maladies sans l'aide d'un médecin. Quand il apprit que les membres de sa famille étaient décédés, il n'a pas été bouleversé ; il a réalisé que la mort est une partie inévitable de la vie et l'a acceptée avec compassion et humilité. L'histoire de Jujan se répandit à travers toute l'Inde et il gagna de la renommée. Il n'acceptait pas de visiteurs, mais beaucoup de reporters et de touristes ont réussi à prendre des photographies de lui au loin.

Un jour, il a reçu une lettre d'un grand temple chinois aux États-Unis, lui demandant de leur rendre visite, afin de bénir le temple et d'y donner quelques enseignements. Il a accepté l'invitation, car il avait eu la vision qu'il y rencontrerait son vieil ami Fuzu et il était heureux à l'idée de pouvoir parler de son expérience pour la première fois dans sa langue natale.

Lorsqu'il est arrivé en Amérique et qu'il s'est rendu au temple, il a procédé à plusieurs cérémonies pour bénir les lieux et a donné quelques enseignements. Beaucoup de gens étaient venus l'entendre. À ce moment, Fuzu traversait une période de grande souffrance mentale et il était à la recherche d'un réconfort spirituel. Pour cette raison, il est venu au temple. Il n'avait pas la moindre idée que son ami

Jujan y serait et a été grandement surpris en le voyant. Jujan laissa Fuzu passer la nuit dans le temple. Pendant toute la nuit, ils ont parlé de la façon dont Fuzu avait trouvé la liberté individuelle, tandis que Jujan avait découvert la liberté intérieure.

De quoi avez-vous besoin pour atteindre la liberté individuelle ? Et pour atteindre la liberté intérieure ?

Laquelle pensez-vous soit la forme de liberté la plus précieuse ?

Comment pouvons-nous apprendre à maîtriser notre bonheur ?

Comment pourriez-vous trouver la liberté intérieure dans votre vie sans aller dans un monastère ou quitter votre situation actuelle ?

~

Relisez toutes ces histoires plusieurs fois pour mieux comprendre leurs significations plus subtiles. Apprenez dès maintenant les qualités du bonheur et faites de votre mieux pour les pratiquer de tout temps, afin de mener une vie vraiment heureuse.

CHAPITRE 4 — ADOLESCENTS (13 À 19 ANS)

S'engager dans la bonne direction

La transmission d'enseignements importants aux adolescents me tient tout particulièrement à cœur, car il s'agit d'une période cruciale dans la vie d'une personne et nous n'avons de fait qu'une seule chance de bien faire les choses. Si nous manquons cette occasion, il n'y en aura pas d'autres. Par conséquent, si vous êtes parent d'un adolescent ou d'une adolescente, j'espère que vous pourrez l'encourager à lire ce chapitre. Et si vous appartenez vous-même à cette tranche d'âge, je vous invite à réfléchir attentivement à ce chapitre.

En tant qu'adolescents, nous sommes jeunes, alertes et débordants d'énergie. Dès lors, nous pouvons prendre des décisions qui nous mèneront à vivre des expériences merveilleuses, à acquérir de la sagesse ainsi qu'à avoir un grand impact sur le monde. Cependant, parce que nous sommes inexpérimentés nous manquons parfois de discernement et cela peut conduire à des prises de décisions qui pourraient entraver ou diminuer notre plein potentiel et nous affliger des souffrances ainsi qu'à ceux qui nous entourent.

Il est commun d'entendre dire que les adolescents n'écoutent jamais les conseils des adultes parce qu'ils sont bien trop distraits, trop fiers ou qu'ils peinent à apprécier les opinions des générations plus âgées. Je ne crois pas que cela soit nécessairement vrai. Néanmoins, j'ai remarqué qu'il arrive que les jeunes gens soient excessivement fiers de leurs connaissances et expériences acquises au cours de leur relativement courte vie, et ils sont réticents à l'idée d'accepter qu'il leur reste encore beaucoup à apprendre. Cela pourrait être signe qu'ils manqueraient de maturité, car plus nous sommes avisés plus nous voulons apprendre des autres.

Mon souhait le plus cher est que vous lisiez ce chapitre et réfléchissiez sur ce qu'il a à vous dire. Après tout, que vous soyez ou non adolescent, il ne fait aucun doute que comme tout le monde vous cherchez à être heureux et à éviter la souffrance dans votre vie.

COMMENT DÉVELOPPER LA CONCENTRATION

Comme je l'ai mentionné plus tôt, les sources profondes du bonheur restent les mêmes, et ce que nous ayons un an ou cent ans, mais à l'adolescence, nous avons des défis spécifiques à relever et des décisions déterminantes à prendre. Nous devons donc mettre l'accent sur certaines qualités bien précises.

Un grand nombre de personnes éprouvent un profond regret lorsque, ayant atteint l'âge adulte, ils se remémorent leurs années d'adolescence. Ils ruminent sur tout ce temps et cette énergie qu'ils ont dilapidés et aspirent à redevenir des adolescents afin de vivre ces années d'une manière différente. Toutefois, il n'est pas possible de remonter le temps. Par conséquent, il est extrêmement important d'être conscient des opportunités uniques que l'adolescence nous offre et de les utiliser avec intelligence.

Il peut parfois paraître étrange que les adolescents qui, de fait de leur jeunesse, ont naturellement tant d'énergie et de sagacité aient tendance à gaspiller leurs ressources bien plus que leurs aînés. Qu'est-ce qui pousse les adolescents à se comporter de la sorte ? Je pense que cela se produit parce que nous manquons souvent d'introspection à cet âge et par conséquent sommes facilement distraits par tout ce qui se passe autour de nous. Nous sommes absorbés par les produits de la culture populaire, tels que les films et Internet. Notre corps subit une transformation radicale et cette nouvelle facette de la vie appelée « amour romantique » semble consommer une grande partie de notre temps et de notre énergie.

Il est tout à fait naturel que nous voulions être appréciés par nos pairs et que nous expérimentions nombre de nouvelles choses, et pourtant nous ne sommes que tout au début de notre parcours et donc, probablement émotionnellement immatures. Les relations à court terme caractérisent ces années, car nous nous lassons vite ou avons des attentes irréalistes. L'ennui nous accable, car nous sommes fortement dépendants des stimulations externes. Dans le cas où nous ne recevrions pas suffisamment de stimulation, nous avons toutes les chances de perdre notre intérêt, car notre besoin de trouver la satisfaction dans des objets externes est plus fort que notre motivation à apprendre.

N'est-ce pas curieux que nous soyons à tel point absorbés par les préoccupations extérieures alors que notre vision du monde et l'étendue de nos connaissances sont si limitées ? Cela ne veut pas dire que nous soyons idiots. Néanmoins, cela signifie qu'en raison de notre manque relatif d'expérience de vie, nous avons du mal à déterminer ce sur quoi il est important de se concentrer et ce qui ne l'est pas. Jusqu'à ce que nous ayons développé une vision suffisamment mature, nous disperserons notre énergie sur tout ce qui se présentera devant nous. Qui plus est, notre raisonnement pourrait être troublé par des émotions à tel point, que nous n'avons que faire des conséquences de nos actions, parce que nous ne nous rendons pas compte de leur portée. L'important pour vous en tant qu'adolescent est donc d'examiner attentivement les motivations à l'origine de vos actions ainsi que leurs conséquences.

Exercice: Voici un exercice simple destiné à vous aider à mieux planifier l'avenir et à améliorer votre capacité à vous concentrer. Chaque jour, peut-être tôt le matin ou en dernier lieu avant de vous coucher, prenez cinq minutes de réflexion sur ce que vous avez accompli ce jour-là. Réfléchissez aux décisions que vous avez prises ainsi qu'à vos actions. Par exemple, quelque chose vous a-t-il contrarié ou mis en colère ? Comment avez-vous géré les émotions que vous avez ressenties ? Comment ont-elles influencé vos actions et vos décisions ? Pensez consciencieusement aux conséquences probables de vos actions à court et à long terme. Pensez à toutes vos déci-

sions et à toutes vos actions, qu'elles vous paraissent importantes ou insignifiantes. Cela vous aidera à maintenir votre capacité à vous concentrer mentalement sur le long terme ainsi qu'à planifier votre avenir.

Qu'est-ce que je veux faire de ma vie ?

Adolescents, nous sommes comme un nouveau bourgeon qui éclot au printemps. Nous possédons la beauté et la fraîcheur de la jeunesse et la perspective d'une vie pleine et prospère devant nous. Toutes les merveilleuses possibilités de la vie se présentent à nous. Nous avons la possibilité de devenir riches et célèbres, d'être un leader mondial ou un héros. Nous pouvons aider à réduire le réchauffement climatique, à guérir les maladies invalidantes ou à prévenir la famine. Nous avons toutes ces possibilités à portée de main — tout est possible ! Et pourtant il semble difficile de savoir quoi faire exactement. Comment savons-nous quel chemin prendre ? Qui choisissons-nous comme modèles ? Que devons-nous faire pour atteindre nos objectifs ? Quels seront les avantages ultimes lorsque nous les atteindrons ? Ce que nous recherchons en fin de compte, c'est notre propre identité, ce qui est bien évidemment une aspiration fort pertinente.

Parce que nous sommes si facilement distraits, nous trouvons des activités qui ne présentent pas de difficultés afin d'occuper et de délasser nos esprits. Souvent, nous passons des heures interminables à discuter sur Internet, à envoyer des messages ou à écouter de la musique. Nous créons des habitudes mentales qui nous amènent à nous comporter de cette manière, toujours tournés vers l'extérieur à la recherche du plaisir et de la distraction au lieu de nous focaliser sur l'intériorité. Nous trouvons bien difficile de nous retrouver simplement face à nous-mêmes ou de songer à nos plans d'avenir. Et même lorsque nous essayons d'imaginer cet avenir et les possibilités qui s'offrent à nous, il est facile de se laisser aller dans des fantaisies ou de tout bonnement suivre ce que font nos amis.

Voici donc quelques conseils pratiques à prendre en considération lorsque vous réfléchissez à votre avenir :

1. Avez-vous les attributs nécessaires pour atteindre l'objectif que vous avez choisi ?

Dans le cas où vous souhaiteriez devenir un chanteur célèbre ou un acteur bien connu, vous aurez probablement besoin d'une voix mélodieuse et d'une capacité à travailler d'arrache-pied en plus d'une bonne étoile. Vous devez vous demander : est-ce que je possède vraiment tous ces attributs ? Est-ce que j'ai suffisamment confiance en moi et suis-je déterminé à poursuivre cet objectif ? Suis-je certain de ne pas abandonner à mi-chemin parce que cela s'avère trop difficile ? Est-ce que j'ai la diligence et la persévérance nécessaires pour atteindre mes objectifs ? Est-ce que je poursuis cet objectif parce que je le veux vraiment et non pas parce que quelqu'un d'autre l'attend de moi[17] ?

À supposer que votre réponse à ces cinq questions est « oui », alors vous pouvez vous lancer dans cette voie. Vous avez les qualités nécessaires et vous allez sûrement réussir. Cependant, si vous êtes hésitant en répondant à l'une de ces questions alors l'objectif que vous vous êtes fixé ne mérite pas d'être poursuivi et par conséquent vous vous retrouverez à courir après des chimères et allez gaspiller votre énergie. Dans le cas où vous dilapideriez votre temps et votre énergie inestimables, vous n'aurez plus la possibilité d'accomplir d'autres choses.

2. Cet objectif vous sera-t-il profitable tout au long de votre vie ?

Supposons que vous êtes tout à fait sûr et que vous êtes déterminé à atteindre un objectif spécifique. Dans ce cas, vous allez probablement y arriver. Toutefois, vous devez encore songer avec la plus grande attention aux années à venir et décider si votre objectif vous sera toujours utile et aura du sens pour vous bien après des années.

Imaginons que votre objectif est de devenir un chanteur célèbre ou un sportif de haut niveau. Vous devez prendre en considération les conséquences auxquelles un pareil investissement d'énergie vous expose sur la voie de la réalisation d'un tel rêve. Tout d'abord, vous devez tenir compte du fait suivant, quand bien même talentueuses, peu de personnes ont la chance de gagner leur vie avec ce genre de carrière, et qu'il est possible que vous vous condamniez à une vie de grandes difficultés financières. En outre, il vous sera très difficile de vous établir quelque part si vous devez constamment changer d'endroit afin de trouver du travail. Et puis, dans le cas où vous rencontreriez le succès, en prenant de l'âge, il y aura éventuellement de moins en moins de demandes pour vos compétences. Dès lors, vous allez éventuellement rencontrer des difficultés à mener une vie normale surtout si vous avez vécu dans un monde illusoire ou si vous n'avez jamais connu d'écueils auparavant.

Cela peut sembler un peu étrange, mais au Tibet, certains moines et moniales sont des personnalités célèbres, tout comme les stars du cinéma dans la culture occidentale. Personnellement, je n'ai jamais voulu devenir un lama populaire au Tibet parce que j'aurais toujours eu à agir d'une certaine manière et être extrêmement vigilant à ma conduite. J'aurai été constamment entouré de beaucoup de gens et incapable de me détendre et de vivre simplement.

Avez-vous vraiment pensé à la façon dont la poursuite et la réalisation de votre objectif affecteront votre vie ? Êtes-vous toujours déterminé à atteindre cet objectif ? Pensez-vous que cela vous donnerait une vie remplie de sens ? N'y a-t-il pas de meilleures façons de mener une vie épanouissante ? Si vous êtes facilement troublé par le regard des autres et que vous trouvez la vie de célébrité déstabilisante, alors vous perdez votre précieux temps et votre énergie dans de vaines rêveries. Admettez-le et commencez à considérer les innombrables autres possibilités, pondérez chacune des options et lorsque vous aurez choisi l'objectif qui vous convient, concentrez toute votre volonté à l'atteindre. Si vous êtes tenté de faire des pronostics ou si vous doutez de vous-même, alors vous courrez le risque de vous sentir déconcerté et de vous perdre en cours de route.

Dans le cas où vous trouveriez que dédier votre vie à un objectif sans jamais en douter est une tâche trop difficile, alors vous aurez besoin d'élaborer un plan d'action en étapes afin d'atteindre ce que vous voulez progressivement. Bien que la confiance dans la réalisation des buts que vous vous êtes fixés soit une bonne chose en soi, il est toujours préférable d'anticiper les défis à venir et d'avoir un plan de secours. Si jamais votre aspiration la plus élevée venait à ne pas se réaliser, ne vous laissez pas décourager. Votre plan devrait inclure des niveaux d'accomplissement variés, y compris les pires scénarios. Ayez des aspirations élevées, mais soyez aussi préparé à trouver la satisfaction dans les résultats les plus modestes. Surtout, ne vous arrêtez jamais d'essayer !

Il est tentant de croire que si nous travaillons durement, notre vie en sera plus ardue. Cependant, nous devons toujours nous rappeler que l'inverse peut aussi être vrai, car notre vie peut devenir de plus en plus facile dans le long terme. Et il est tout à fait possible que nous arrivions à un moment où ce qui nous paraissait insurmontable est accompli avec aisance. D'un autre côté, si nous sommes paresseux ou complaisants notre vie peut nous sembler facile, mais finalement s'avérer bien plus difficile que ce que nous escomptions. Cependant, gardez-le à l'esprit, il existe pour certaines personnes un risque réel de devenir complètement absorbés par leur objectif et, en conséquence, il se pourrait qu'ils négligent d'autres aspects importants de leur vie comme la famille ou les amis. Toutefois, pour la plupart d'entre nous, investir toute notre énergie dans la poursuite de notre aspiration principale est une entreprise louable et de grande valeur. Cela, tant que nous ne nous détournons pas des autres dimensions de la vie.

La discipline du travail diligent peut aussi améliorer notre capacité à nous concentrer. En travaillant avec application à ce qui nous tient à cœur, nous pouvons devenir plus efficaces et plus clairs dans nos raisonnements. Finalement, nous pouvons faire l'expérience d'un profond sens de joie et de satisfaction intérieure en étant absorbés dans l'exécution d'une tâche particulière. Lorsque nous gagnons en efficacité, nous trouvons plus aisé de subvenir à nos besoins matériels et nous pouvons alors choisir d'user de cette aisance comme base pour simplifier nos vies et accorder le temps nécessaire à d'autres poursuites importantes telles que cultiver des amitiés, développer de nouveaux intérêts et compétences ou, éventuellement pour nous engager dans la voie spirituelle. Nous en reparlerons davantage dans les chapitres qui suivent.

Avant que je ne continue, je voudrais partager une courte histoire qui illustre l'importance de la détermination. J'espère que vous allez comprendre les raisons pour lesquelles les vies des deux protagonistes se sont déroulées si différemment et mesurer l'impact des choix qu'ils ont faits lorsqu'ils étaient jeunes.

UN RÉCIT DE DÉTERMINATION.

Ce sont deux garçons qui étudient ensemble au Village d'enfants tibétains (Tibetan Children's Village) à Dharamsala, au nord de l'Inde ; c'est une sorte de pensionnat pour les jeunes enfants tibétains. Tenzin est né à Dharamsala et y a grandi, alors que Jigmé est né à Golok, une province du Tibet. Les deux garçons ont l'esprit de compétition et rivalisent dans leurs études.

Les Tibétains et les Asiatiques en général, pensent que les pays occidentaux offrent de meilleures opportunités, en particulier lorsqu'il s'agit du travail et des études. Quand Tenzin sera grand, son père, qui est un fonctionnaire du gouvernement tibétain, pourra l'envoyer en Suisse pour avoir une bonne éducation et une vie meilleure. Tenzin en parle à Jigmé, se vantant qu'il aura un avenir bien plus brillant que celui de son camarade de classe.

Bien que Jigmé soit contrarié à l'idée qu'il n'aura pas les opportunités qui s'offrent à Tenzin, il se fait la promesse d'étudier consciencieusement pour rattraper son ami.

Lorsque Tenzin arrive en Suisse, il a l'impression d'être au paradis et il ne peut tout simplement pas croire la chance qu'il a d'être là. Tout est tellement beau et tous ses besoins sont immédiatement satisfaits. Il n'éprouve aucune barrière de langue à l'école, car il a fait ses études en anglais en Inde. Il se dit « Je dois étudier avec diligence et obtenir une bonne éducation afin de travailler au bien-être du peuple tibétain plus tard. »

Pourtant, après quelques semaines d'études consciencieuses, les nombreuses distractions autour lui font perdre sa détermination. Comme Tenzin n'a pas une force de caractère suffisante, il devient de plus en plus préoccupé par d'autres choses et perd son assiduité à l'étude. Souvent, lorsque les gens doivent faire face à beaucoup de distractions et d'occasions de s'amuser, ils finissent par en vouloir encore plus et perdent de vue leurs objectifs, car ils sont bien trop absorbés dans les plaisirs du moment présent. En fin de compte, incapable de trouver du travail à la fin de ses études, Tenzin sombre dans la dépression. Il commence à boire excessivement pour tant bien que mal affronter sa situation. Sa vie devient bien pire que ce qu'elle était à Dharamsala.

De son côté, partir en Occident est hors de question pour Jigmé, car il lui est impossible d'obtenir un visa et il n'a que très peu d'argent. Néanmoins, il continue d'étudier avec zèle au Village d'enfants tibétains, mais après avoir obtenu son diplôme il ne peut plus les poursuivre parce qu'il aurait à payer des frais de scolarité pour rejoindre une école indienne.

Alors, Jigmé loue une cuisine rudimentaire qui lui sert de lieu de travail et d'habitation. Il gagne sa vie en préparant et vendant de la nourriture. Tous les jours, il se lève à quatre heures du matin et pendant deux heures pétrit la pâte du pain qu'il vend ensuite dans les rues. Puis, il retourne à la maison pour étudier par correspondance l'anglais, les mathématiques et l'informatique. De quatre heures à six heures de l'après-midi, il cuisine des momos à la viande ou aux légumes ; les momos ressemblent à des dimsums, mais ils sont de forme plus arrondie. Il les vend tous les soirs et puis il continue à étudier jusqu'à minuit. Il n'a ni divertissement ni petits plaisirs pour le distraire. Parfois, il se sent triste et seul, mais il n'a jamais le temps de s'attarder là-dessus ! Pendant plus de cinq ans, il vit de cette façon, travaillant durement.

Un jour pourtant, Jigmé rencontre une femme occidentale aux cheveux grisonnants répondant au nom d'Isobel. Elle lui pose quelques questions alors qu'il vend ses momos. Ils s'entendent vraiment bien et de fil en aiguille, elle l'invite à partager un repas. Il se trouve qu'Isobel est suisse et qu'elle visite Dharamsala régulièrement, car elle aide plusieurs politiciens tibétains dans son pays d'origine. Lorsqu'elle demande à Jigmé quel est son but dans la vie, il lui répond qu'il souhaite continuer ses études universitaires pour devenir professeur.

Après avoir fini le dîner, Jigmé invite Isobel chez lui, afin qu'elle voie où il habite. Choquée par sa situation misérable et touchée par sa détermination, elle offre de le sponsoriser pour qu'il puisse rejoindre une université en Suisse. Les mots manquent à Jigmé.

Pendant un moment, Jigmé croit rêver et l'angoisse l'envahit à l'idée que Isobel change d'avis. Mais avant qu'il n'ait le temps de pleinement réaliser ce qui se passe, Isobel se rend à Delhi et lui obtient un visa. Il ne peut tout simplement pas croire la chance qu'il a d'aller en Suisse !

Avant de partir, Jigmé s'entretient avec son meilleur ami, un jeune moine appelé Konchok, qui le félicite et le met en garde d'un ton plus sérieux : « Tu dois te souvenir de deux choses quand tu seras en Suisse. Tout d'abord, cela tient à la nature humaine qu'en ayant plus et en vivant dans de meilleures conditions, il devient facile de perdre son application et sa discipline. À condition que tu ne perdes pas ton objectif de vue, tu pourras accomplir un grand nombre de choses et mener une vie épanouie, mais si tu tombes en proie à la cupidité ou à la paresse, ce sont de grandes souffrances qui t'attendent. En second lieu, tu ne dois jamais oublier le bien-être du peuple tibétain, quelle que soit ta situation. »

Jigmé promet à Konchok qu'il n'oubliera jamais ces conseils.

Une semaine plus tard, Jigmé reçoit le visa et s'en va en Suisse. Lorsqu'il arrive, il est stupéfait, se croyant au paradis, tout comme Tenzin l'a été auparavant. À la différence que chaque jour Jigmé se remémore les conseils de son meilleur ami. À l'université, il étudie la psychologie avec une inflexible résolution et ce pendant sept ans. Parallèlement, il travaille comme graphiste en utilisant ses compétences en informatique. Après un an passé à vivre en Suisse, il tombe amoureux de la fille d'Isobel, Heidi. Quelques années passent et ils se marient. Deux ans plus tard, il devient professeur de psychologie et ouvre son propre cabinet, qui connaît un grand succès.

Un jour, le professeur Jigmé donne une conférence publique dans une célèbre université de Zurich. À ce moment-là, Tenzin est toujours sans emploi, esseulé, et a depuis commencé à recourir aux drogues. Il assiste à la conférence parce qu'il est question de psychologie et que cela pourrait peut-être l'aider à aller mieux. Lorsqu'il arrive, il trouve les traits du conférencier familiers. Au milieu de la conférence, Jigmé parle de son parcours, de l'école du Village d'enfants tibétains et de son camarade de classe Tenzin. Il remarque que bien qu'il soit installé en Suisse depuis près de 14 ans, il n'a jamais su ce qui était arrivé à son ami. Tenzin est choqué, réalisant que c'est là son camarade de classe Jigmé qui donne la conférence. Il ne peut pas croire que son rival d'antan soit arrivé à une telle réussite alors que lui, a si lamentablement échoué.

Réfléchissez à la façon dont ces deux garçons aux parcours si similaires ont grandi si différemment. Vous souvenez-vous des deux choses qui étaient les plus importantes pour Jigmé, et qui l'ont inspiré à réaliser ce qu'il a fait ? Pensez également à la façon dont vous pourriez inspirer votre vie avec un objectif qui a vraiment du sens pour vous et quelle différence cela pourrait-il faire ?

La nécessité d'avoir confiance en soi

Adolescents, nous sommes extrêmement sensibles aux opinions des autres. Une fois de plus, cela est ainsi, car nous n'avons pas encore développé une capacité d'introspection suffisante pour nous connaître nous-mêmes et mesurer avec précision les conséquences positives et négatives de nos actions. Celui qui a acquis assez d'expérience et de sagesse ne sera jamais embarrassé par le regard des autres. Cela est ainsi, car une telle personne décide d'elle-même ce qui est bon et ce qui ne l'est pas, ce qui en vaut la peine et ce qui n'en vaut pas, ce qui mérite d'être entrepris et ce qui est une perte de temps. Cependant, en tant qu'adolescents, notre expérience limitée du monde suppose qu'il est peu probable que nous soyons capables d'un tel discernement éclairé. Notre perception est aussi étroite qu'un chas d'aiguille, et nous pouvons facilement tomber dans le piège consistant à trop se fier aux opinions des autres.

Cela n'est pas seulement vrai pour les adolescents occidentaux. Même dans mon petit village au Tibet, j'étais obsédé par mon image et très sensible à ce que les autres pensaient de moi. J'ai toujours agi de façon naturelle avec ma famille et mes proches, car je n'avais pas l'impression qu'il était important que tout soit parfait en leur compagnie. Cependant, lorsque des amis ou d'autres membres de la communauté venaient chez nous, je me sentais profondément embarrassé à moins que tout ne soit parfait dans ma façon d'être et dans le comportement de mes parents, de mes frères et de mes sœurs. Lorsque j'y repense, je me rends compte que je donnais une fausse image de moi-même à mes amis et connaissances simplement parce que j'étais trop préoccupé par l'opinion qu'ils ont de moi.

À l'adolescence, notre cercle d'influence est généralement limité. Par conséquent, notre conception de ce qui est possible est également limitée. Nous voulons avoir beaucoup d'amis, nous voulons être aimés et populaires, alors nous avons tendance à embrasser les centres d'intérêt de nos pairs. Nous essayons d'être drôle et de bonne compagnie. Les garçons, en particulier, veulent que leurs pairs les considèrent comme « cool » et pour maintenir cette image, ils se vantent d'avoir des petites amies ou se moquent des autres. Les filles, en revanche, ont tendance à s'inquiéter de leur apparence et à dépenser beaucoup de temps et d'argent dans les produits de beauté, les vêtements et les coupes de cheveux afin de se sentir plus attirantes. L'image devient le centre d'intérêt le plus important et cela est encouragé par les médias et notre groupe d'amis.

Toutefois, si nous y réfléchissons attentivement nous constaterons que nous nous préoccupons uniquement de la manière dont nous sommes perçus par les personnes de notre âge, sans vraiment nous soucier de ce que le reste des gens pensent de nous. Nous ne nous soucions pas non plus vraiment des conséquences futures d'être tant attachés à notre image. Au cas où cela deviendrait une obsession, nous risquons de fermer nos yeux aux nombreuses choses qui ont vraiment de la valeur dans le monde. Parfois, nous décorons nos beaux jeunes corps avec des tatouages ou des piercings. Bien qu'il n'y ait rien de mal à vouloir s'embellir et être fier de votre identité unique, essayez de vous rappeler qu'un jour, vous pourriez être embarrassés de voir la façon excessive dont vous avez orné votre corps par égard pour l'image que vous souhaitiez donner de vous-mêmes. Rappelez-vous, les tendances changent rapidement !

Parfois, l'obsession que nous avons de notre image peut nous conduire à des comportements encore plus néfastes. Nous sommes tous conscients des effets nocifs des drogues, du tabac et de l'alcool, mais nous sommes souvent incités à les consommer pour paraître « cool » devant nos pairs ou pour compenser un manque de confiance en soi. Ayant cela à l'esprit, nous avons besoin de détermination, de discipline et de discernement afin de protéger notre santé physique et mentale des effets de ces substances nocives.

En prenant de l'âge et en accumulant de l'expérience, la plupart des personnes ont plus confiance en elles-mêmes et cessent de s'inquiéter de ce que les autres pensent d'elles. Ainsi, elles ne sont plus motivées par le désir d'être populaires. Nous acquérons également la maturité nécessaire pour prendre de meilleures décisions, fondées sur nos propres observations plutôt que sur les opinions des autres. Malheureusement, il n'y a pas de tours de magie qui nous donnerait tout à coup la capacité à nous introspecter et à nous connaître nous-mêmes. Nous devons y parvenir par nos propres moyens, à mesure que nous apprenons et que nous grandissons tout au long de notre vie. Cependant, chaque fois que vous essayez d'impressionner quelqu'un, il est crucial de vous poser la question suivante : pourquoi son opinion m'importe-t-elle tant ? Et qu'est-ce que je pense moi-même à ce sujet ? Se remettre constamment en question de la sorte nous aidera à développer notre aptitude à l'introspection et graduellement nous parviendrons à comprendre nos propres schémas de pensée.

LE SEXE, LES DROGUES ET LE ROCK AND ROLL

Plus haut, j'ai mentionné plusieurs des comportements autodestructeurs que certains adoptent lorsqu'ils sont adolescents, plus précisément l'utilisation des drogues et la consommation excessive d'alcool. Je suis fortement opposé à l'usage des drogues et de l'alcool. Cela est peut-être ainsi parce que je n'y ai jamais été exposé en grandissant et donc je vois clairement les effets nocifs qu'ils causent. Dans les pays occidentaux, les hommes se sentent souvent obligés de boire de l'alcool afin de paraître plus masculins ou « virils », et les femmes semblent penser que boire les rendra plus extraverties, confiantes et attirantes. Ces idées sont souvent promues au sein de sociétés à vision limitée ou étroite et qui manquent d'influences culturelles alternatives. Par exemple, dans la province de

Golok au Tibet, aucune des femmes ne fume ni boit, et seulement environ cinq pour cent des hommes s'adonnent à ces activités.

Beaucoup de personnes croient qu'une vie sans alcool ni drogues est une vie ennuyeuse, mais je remets en question cette conception. Pensez-vous que quelqu'un qui n'a jamais eu mal à la tête est plus ennuyeux qu'une personne qui a mal à la tête et le soulage avec des médicaments ? De même, quelqu'un qui ne souffre d'aucune démangeaison serait-il plus ennuyeux que quelqu'un qui en souffre et se gratte afin de la soulager ? Nous pouvons penser aux substances intoxicantes comme d'un bon exemple de ce que les bouddhistes entendent lorsqu'ils parlent d'attachement et de dépendance à une envie — le recours aux drogues nous procure une sensation agréable et cela conduit à désirer cette sensation encore et encore. Tôt ou tard, nous atteignons le point où le désir prend contrôle de nos vies et nous passons tout notre temps à essayer de le combler, sans jamais le satisfaire vraiment. Je ne dis pas que les drogues ne sont pas plaisantes ou agréables lorsque vous les prenez, mais plutôt, qu'il peut y avoir des effets particulièrement désagréables lorsque les effets de la substance s'estompent. Vous vous exposez au risque de causer du tort lorsque vous êtes sous l'influence de ces substances ainsi que de perdre tout contrôle sur votre vie.

Et même si nous ne devenons pas dépendants, consommer des drogues peut sérieusement détériorer notre santé physique et mentale. Il suffit de prendre de la drogue une seule fois pour déclencher une maladie mentale grave ou nous laisser entraîner dans des comportements destructifs. J'ai souvent entendu des histoires racontées par mes amis médecins à propos de jeunes gens qu'ils ont vus dans les services d'urgence des hôpitaux. Des jeunes gens qui s'étaient blessés ou ont blessé d'autres personnes sous l'influence de ces drogues. Toutes les drogues peuvent avoir ces effets. Même les drogues que vous considérez comme inoffensives, comme le cannabis, peuvent avoir des effets néfastes sur le cerveau et conduire à des maladies mentales graves comme la schizophrénie.

Malheureusement, de nombreux jeunes pensent que les drogues leur permettent d'accéder à des expériences d'ordre spirituel, confondant le fait de voir ou de ressentir des choses inhabituelles avec le « progrès spirituel ». C'est un point de vue complètement déformé parce que la réalisation spirituelle devrait nous rendre plus maîtres de soi, plus ancrés et en phase avec la réalité. Au contraire, les drogues nous font perdre notre maîtrise de soi, nous entraînent dans des expériences purement illusoires et nous font perdre le lien avec la réalité.

De la même manière qu'un manque généré par les sensations procurées par les drogues peut devenir irrépressible, notre attachement aux plaisirs sexuels le peut aussi. Beaucoup de personnes en Occident semblent penser que le désir sexuel ou le fait de tomber amoureux est une force incontrôlable et impérieuse de la nature, et beaucoup semblent également penser que, contrairement aux drogues ou à l'alcool, le sexe est un désir naturel et même une nécessité de la vie. Bien évidemment, aucun être humain n'existerait sans l'union sexuelle de ses parents, et je ne dis pas que le sexe est nécessairement mauvais ou malsain. Cependant, il y a deux points importants que je pense que nous devrions considérer.

Le premier est que notre motivation pour le sexe est très importante. Pensons-nous au sexe avec une intention pure, pour témoigner notre amour sincère et notre sollicitude envers quelqu'un ou pour avoir des enfants dans le but de transmettre les connaissances à la génération suivante ? Ou bien, est-ce que nous voulons avoir des relations sexuelles pour satisfaire une attente ou un fantasme irréaliste, car nous avons perdu tout contrôle de soi ou même parce que nous voulons donner une bonne image de nous-mêmes auprès de nos pairs ? Il est important de comprendre que l'énergie sexuelle entre un homme et une femme a le potentiel extraordinaire de se développer en quelque chose de bien plus profond et puissant que ce que croient la plupart des gens. Plus encore, cette énergie a le pouvoir de se développer en une aptitude intérieure prodigieuse. Toutefois, pour le découvrir, de nombreuses conditions doivent être réunies chez la personne ; en particulier, les deux partenaires doivent avoir des intentions pures et la relation ne peut jamais être forcée — elle doit toujours se former naturellement.

Si vous ne vous identifiez pas à ce paradigme, il est important d'au moins comprendre que les relations sexuelles sont loin d'être aussi simples que nous le croyons. En fait, il est possible d'identifier huit niveaux de complexité différents, progressivement plus profonds et emplis de sens.

Le niveau le plus bas est celui de l'animalité. Il est caractérisé par la préoccupation avec les sensations physiques ou le seul désir de satisfaire une envie pressante ou l'appétence charnelle, comme lorsque nous mangeons et buvons.

Le deuxième niveau est transactionnel. À ce niveau-là, nous avons plus conscience de ce que nous faisons, mais la motivation est ici basée sur la convoitise et dès lors la relation a peu de chances de se développer en un lien profond. Les relations occasionnelles se produisent souvent à ce niveau.

Le troisième niveau est celui des interactions sexuelles ordinaires. C'est à ce niveau-là que l'union sexuelle entre deux personnes est caractérisée par les sentiments amoureux. Par conséquent, nous y trouvons un sens plus profond d'union, de plaisir et des relations plus harmonieuses. Cependant, ce type d'attirance est généralement basé sur un attachement aveugle et il est peu probable qu'il réponde à autre chose qu'à des besoins physiques et émotionnels à court terme.

Le quatrième niveau est plus éclairé, à ce niveau-là les besoins des deux partenaires sont mieux pris en compte, car ils possèdent de plus grandes connaissances. Ils sont plus aptes à faire face aux problèmes et à améliorer leur relation, bien que la profondeur de leur relation soit limitée, car cet entendement se produit principalement au niveau intellectuel. L'amour entre les partenaires reste quelque peu fabriqué, encore bien loin de son plein potentiel d'authenticité et de spontanéité.

Puis, nous arrivons au cinquième niveau, celui des conditions favorables. Ici, le bien-être physique et la maturité émotionnelle des deux partenaires sont plus raffinés et donnent lieu à un mouvement naturel de générosité et d'appréciation. Cela donne au véritable amour plus de chance de s'épanouir, et le niveau de gratification sexuelle est également beaucoup plus élevé.

Le sixième niveau est celui de l'émergence spirituelle. À ce niveau, toutes les qualités intérieures vertueuses que nous avons mentionnées dans ce livre sont hautement développées chez les deux partenaires, en particulier la générosité, la gratitude et la pure perception. Notre expérience d'extase est plus profonde, non seulement au niveau sensoriel, mais bien au-delà de la pensée conventionnelle. Et cette extase recèle une forme innée, naturelle de la sagesse.

Le septième niveau est celui de la maîtrise spirituelle. Toutes les qualités précédentes sont pleinement développées, de même que le pouvoir de contrôler les flux d'énergie dans ce que nous appelons le « corps subtil » [18], fait de canaux, de souffle intérieur et d'essences subtiles. Le corps subtil n'existe pas objectivement, il décrit plutôt les courants extasiés d'énergie dont nous faisons l'expérience lors de l'union sexuelle. L'union de la sagesse et de la transcendance s'amplifie en intensité, et cela, avec ou sans partenaire, jusqu'à devenir complètement indépendante des conditions extérieures.

Enfin, le huitième niveau est totalement au-delà des concepts tels que l'espace et le temps. Il peut être envisagé comme l'union indissociable de la sagesse et de l'inaltérable exaltation de la conscience, ou la complète réalisation de soi.

Quand bien même cela nous paraît étrange, le simple fait que cela éveille notre curiosité et nous inspire à en savoir plus sur ces niveaux supérieurs nous donne un grand avantage. Essentiellement, le plus important est d'essayer de développer un état d'esprit de sincère générosité et de gratitude. Cultiver une perception épurée de notre partenaire est beaucoup plus important que de chercher à ce que cette personne soit parfaite, car la manière dont nous le ou la voyons dépend en grande partie de la manière dont nous pensons — comme le dit Shakespeare, «

Rien n'est bon ni mauvais en soi, tout dépend de ce que l'on en pense. » Il est important d'au moins aspirer à envisager l'intimité sexuelle comme quelque chose de rare et précieux ; si nous pensons qu'il s'agit tout bêtement d'un besoin qu'il nous faut régulièrement satisfaire, comme se nourrir et boire, nous ne dépasserons jamais les niveaux les plus bas et nous serons, par conséquent au désavantage.

Le deuxième point que j'aimerais souligner est que l'intimité sexuelle n'est pas une nécessité vitale pour tout le monde. Une vie riche et épanouissante, couronnée de nombreuses réussites peut être réalisée sans sexe — en fait, cela peut parfois être réalisé beaucoup plus facilement sans sexe ! Ce que je veux dire est qu'un grand nombre de difficultés peuvent découler de la sexualité, y compris des situations conduisant à la jalousie, à la colère, au regret ou à l'obsession avec une ou plusieurs personnes. Tout cela nous éloigne de ce qui est véritablement important dans nos vies. Cela ne signifie pas que nous ne devrions pas éprouver des sentiments d'amour pour les autres ou que nous devrions éviter les relations intimes ; nous devrions plutôt prendre conscience que les relations épanouissantes peuvent être bâties sans sexe, et que celles-ci sont souvent beaucoup moins sujettes à des préoccupations égocentriques que les relations où le sexe est d'une importance primordiale.

COMMENT AVOIR DE MEILLEURES RELATIONS

« Avant de critiquer quelqu'un, mettez-vous à sa place. »
— Proverbe traditionnel—

≈

Les adolescents pensent souvent que le concept de « relation » fait référence principalement aux relations entre petit ami et petite amie. Cependant, les relations les plus importantes que nous avons à l'adolescence sont celles avec notre famille et nos amis. Les relations sont d'une importance primordiale tout au long de notre vie. Lorsque les relations sont au beau fixe, nous nous sentons mieux en notre for intérieur, entourés de ceux qui nous aiment et prennent soin de nous. Lorsqu'elles battent de l'aile, elles ont le pouvoir de nous accabler. Beaucoup de personnes pensent que s'entendre ou pas avec quelqu'un est complètement hors de notre contrôle, comme s'il s'agissait d'une sorte d'instinct. Toutefois, la vérité est que nous sommes tout à fait capables de maîtriser la qualité de nos relations, et il est important de savoir comment nous pouvons utiliser cela à notre avantage, en particulier pour surmonter les conflits.

Quand j'étais jeune, je n'étais pas satisfait de mon foyer et je réclamais avec insistance auprès de mon père la permission de rester chez notre voisin. Quand bien même ma maison était confortable et la nourriture servie délicieuse, j'avais les yeux tournés ailleurs et préférais les maisons qui étaient parfois inconfortables, voire sales, où les repas servis étaient rudimentaires et sans saveur.

À l'adolescence, beaucoup d'entre nous trouvent la vie avec nos familles ennuyeuse et morne, alors nous nous lançons à la recherche de la liberté et de l'indépendance. Cependant, parce que nous ne pouvons pas subvenir à nos besoins financiers et que nous ne pouvons donc pas quitter la maison, il nous est difficile d'être réellement indépendants. Par conséquent, nous rejoignons nos cercles d'amis et passons plus de temps avec eux qu'avec notre famille et cela peut créer des conflits à la maison.

Il y a, bien évidemment, beaucoup d'autres raisons qui peuvent causer des conflits entre les adolescents et leurs parents ou, à vrai dire, entre les adolescents et n'importe qui d'autre ! Il se pourrait que nous pensions que nos parents sont ennuyeux et vieux jeu ou qu'ils ne nous font pas assez confiance et nous font nous sentir idiots aux yeux de nos amis. Mais peu importe les raisons de nos disputes ou les personnes avec lesquelles nous nous fâchons, les méthodes pour résoudre les conflits avec les autres restent toujours les mêmes.

Tous les êtres humains, quelles que soient nos différences, ont les mêmes besoins élémentaires et le même désir fondamental d'être heureux.

Si nous souhaitons résoudre les conflits avec les autres, nous devons nous souvenir que nous sommes tous pareils afin de comprendre pourquoi les autres se comportent de telle ou telle manière. Essayez de vous mettre à la place de l'autre personne, même brièvement. Si vous vous querellez avec votre mère, essayez de vous mettre à sa place. Si vous le faites vraiment, vous serez en mesure de comprendre comment elle se sent et pourquoi elle se comporte de la façon dont elle le fait. Pensez à la manière dont vous aimeriez être traité si vous étiez à sa place, quand bien même vous pensiez qu'elle a tort, et traitez-la de cette manière-là. Imaginez que vous avez des enfants vous-mêmes et la manière dont vous aimeriez être traité par eux et faites-en de même pour vos parents.

Souvenez-vous que peu importe qui a tort et qui a raison. Il s'agit plutôt de trouver le moyen le plus perspicace de faire face à une situation donnée. Nous pouvons appliquer cette même stratégie à toutes les relations au cours de notre vie, par exemple avec nos professeurs, nos frères et sœurs ou nos amis. L'entendement qui s'ouvre à nous sur les raisons qui poussent les autres à agir d'une certaine manière est alors véritablement étonnant, à condition que nous fassions l'effort de nous mettre à leur place.

GRATITUDE

Témoigner sa gratitude envers les autres améliore aussi nos relations avec eux ; et, comme je l'ai mentionné auparavant, la gratitude est l'une des qualités mentales essentielles pour atteindre le bonheur. Voici comment vous pouvez générer de la gratitude envers vos parents. Pensez à tout ce que vos parents ont fait pour vous tout au long de votre vie : ils ont pris soin de vos besoins physiques et vous ont appris à vivre dans ce monde et pensez aussi à tous les efforts et les sacrifices qu'ils ont faits pour votre bien-être. Même si parfois vous avez eu des relations difficiles avec eux, personne d'autre n'aurait fait autant pour vous. En y pensant sincèrement vous ne pouvez ressentir que de la gratitude envers eux. Ce sentiment de gratitude peut nous aider à nous sentir plus heureux tant directement qu'indirectement. Il procure une sensation chaleureuse qui nous rapproche les uns des autres et, au fil du temps, notre relation avec eux en sera sûrement améliorée, pour peu que nous les traitions avec davantage de bienveillance.

Si, néanmoins, il nous est difficile de ressentir de la gratitude envers nos parents, gardons à l'esprit qu'il se pourrait qu'ils soient en proie à des émotions négatives, comme nous tous pouvons l'être à un moment ou à un autre. Plutôt que de persévérer dans la critique et les hostilités ou de se sentir découragé, nous pouvons utiliser cette occasion pour accroître notre empathie envers eux et ainsi, développer une plus grande force émotionnelle. À l'inverse, si nos interactions avec eux sont marquées par la colère ou la rancune, nous perdons cette précieuse occasion de leur montrer qu'ils nous sont profondément chers.

Je suis souvent surpris lorsque je discute avec de jeunes Occidentaux à propos des sentiments de gratitude envers leurs parents. En général, les parents s'efforcent de pourvoir leurs enfants avec tout ce qui est dans leurs moyens, et pourtant, il est encore commun d'entendre les jeunes gens se plaindre d'eux et parfois se sentir mal aimés. C'est quelque peu différent de l'environnement dans lequel j'ai grandi. Vus de l'extérieur, les parents tibétains paraissent bien plus stricts que les parents en Occident et ont souvent recours aux punitions corporelles lorsque leurs enfants sont désobéissants. Cependant, dans la culture tibétaine, qui est largement influencée par le bouddhisme, le respect et la gratitude envers ses parents sont grandement mis en avant et il est très rare de blâmer ses parents pour les difficultés de la vie. Bien qu'analyser notre situation familiale puisse nous fournir certains éclaircissements, ce n'est jamais utile si cela nous amène à leur faire des reproches et à éprouver du ressentiment envers eux.

L'IMPORTANCE DE LA COMPASSION

Peut-être pensez-vous : « Eh bien, j'ai un différend avec ma sœur ou ma mère, mais ce n'est pas de ma faute, c'est de sa faute ! ». Peut-être que vous avez vraiment essayé de comprendre pourquoi elle se comporte de cette façon, et vous êtes encore arrivé à la conclusion qu'elle est la seule à blâmer. Je ne pense pas que cela soit souvent le cas. La plupart du temps lorsque nous essayons vraiment d'apprécier le point de vue de quelqu'un d'autre, nous reconnaissons nos propres torts, même partiellement. Cependant, si nous avons sincèrement essayé d'adopter le point de vue de l'autre et que nous considérons que nous avons fait tout ce qui est en notre pouvoir afin de résoudre le conflit sans que cela apporte les résultats escomptés, il se peut que nous croyions être en droit de nous sentir en colère et blessé par l'autre personne.

Je vous demande cependant ceci ; en ressentant de la colère et de la rancune, qui est-ce que vous blessez au juste ? Laissez-moi vous expliquer. Supposons que nous nous sommes fâchés avec un ami parce qu'il s'est engoué d'une autre personne. Nous sommes jaloux et blessés à voir notre ami accorder toute son attention et passer tout son temps libre avec ce nouveau camarade et nous délaisser au passage. Peut-être qu'il ne prend pas nos sentiments en considération, qu'il se concentre uniquement sur lui-même, et cela nous fait souffrir. Nous pourrions réagir à cette situation en ruminant les défauts de notre ami ou en pensant à quel point nous sommes malheureux, permettant ainsi à la colère et à la jalousie de nous ronger — mais cela ne fera que nous faire souffrir. Nous sommes susceptibles de nous attarder de plus en plus sur cette situation à mesure que la petite flamme de colère et de jalousie se transforme en un feu de forêt déchaîné, détruisant complètement notre tranquillité d'esprit. Inversement, nous pourrions penser : « Eh bien, cet ami me fait souffrir à cause de sa propre étroitesse d'esprit, ce qui lui portera du tort en définitive. Au lieu d'être en colère, je m'appliquerai à pratiquer le pardon et la compassion. »

Essayez de votre mieux pour évoquer des pensées bienveillantes et affectueuses envers cet ami, en vous remémorant toutes les choses que vous aimez chez cette personne. Lorsque vous ressentirez de la bienveillance et de la compassion, vous sentirez le contentement s'épanouir en vous. Je vous le garantis.

UN MOT SUR LA LIBERTÉ

J'ai mentionné précédemment qu'étant adolescents, nous avons envie d'autonomie ou de « liberté ». Dans le monde moderne, cependant, beaucoup de gens semblent confondre la liberté de façade avec la vraie liberté ou la liberté intérieure. La liberté de façade présume que nous avons la liberté de faire ce qui nous plaît, ainsi que la liberté de ne pas dépendre d'autres personnes. Ce genre de liberté crée une distance entre nous et les autres. En fin de compte, cela aboutit à la solitude, car nous acceptons ou rejetons les gens en fonction de nos propres besoins au lieu de tisser des relations basées sur le partage sincère. Cela finit par nous faire souffrir. La liberté de façade peut également entraîner de nombreux problèmes tels que le désaccord et l'absence d'harmonie entre les membres de la famille ou entre amis. Mais si nous sommes généreux et ouverts au partage, nous créons l'harmonie et des liens forts, ce qui participe à notre bien-être.

La vraie liberté vient d'une complète indépendance. Cela ne signifie pas qu'il faut rejeter tous ceux qui nous entourent et mettre une distance entre nous et les autres, mais plutôt être maître de notre propre état d'esprit et donc être libéré des réactions impulsives ou machinales face aux événements extérieurs. Il est important de préciser que je fais référence tant aux bons qu'aux mauvais événements extérieurs, car la liberté véritable implique la maîtrise de notre état d'esprit et de nos émotions en toutes circonstances. C'est une notion difficile à concevoir, en particulier pour les jeunes gens ; souvenez-vous simplement que si nous nous laissons facilement emporter par des événements extérieurs et les émotions qui s'y rattachent, alors nous sommes en proie à ces événements et notre liberté sera toujours limitée.

Réflexion — Prendre des décisions

Pensez à toutes les grandes décisions que vous avez prises récemment. Comment les avez-vous prises ? Avez-vous demandé conseil à d'autres personnes qui ont une plus grande expérience de la vie ? Avez-vous bien réfléchi à toutes les conséquences de votre décision ?

Vos attentes étaient-elles réalistes ou irréalistes ? Avez-vous envisagé le pire des scénarios ? Avez-vous élaboré des plans de secours ? Étiez-vous complètement honnête avec vous-même, ou avez-vous pris la décision parce que vous vouliez impressionner quelqu'un ? Avez-vous envisagé toutes les options possibles ?

Maintenant, pensez à toutes les décisions que vous êtes sur le point de prendre. Posez-vous à nouveau toutes ces questions, en vous assurant d'examiner attentivement toutes vos options. Maintenant, asseyez-vous le dos bien droit, détendez votre corps, prenez quelques grandes respirations profondes et faites le vide dans votre tête. En toute honnêteté avec vous-même, quelle serait la meilleure décision à prendre ?

Une deuxième chance de développer la sagesse

Si nous sommes à la poursuite d'une vie heureuse et emplie de sens, il est essentiel de comprendre et de se rappeler les causes et les conditions du bonheur. Le bonheur et le malheur ne sont pas des états aléatoires et ne dépendent pas de la chance ou de la malchance. Alors que des événements extérieurs peuvent contribuer à notre bonheur, celui-ci dépend fondamentalement de notre moi intérieur. Le bonheur ne sera à notre portée que si nous possédons une attitude mentale appropriée, qui dépend du développement de qualités mentales saines.

Une très faible proportion de personnes ont naturellement la bonne attitude mentale. Ces personnes sont beaucoup plus heureuses et beaucoup plus résilientes que les autres face aux difficultés ; elles ont également tendance à éprouver beaucoup moins d'émotions négatives telles que la dépression. La plupart d'entre nous, cependant, n'ont pas naturellement cette attitude, et nous devons donc nous appliquer consciemment à la développer, notamment en cultivant des qualités telles que la gratitude et la compassion. Avec un effort constant et assidu, nous pouvons progressivement développer un esprit paisible et satisfait, quelle que soit notre situation extérieure.

En tant que jeunes adultes, nous développons notre indépendance et découvrons comment laisser notre empreinte dans le monde, nous sommes confrontés à de nombreuses décisions importantes dans nos vies, nos amours et nos relations. Je vais donc vous parler de certains de ces enjeux ainsi que des qualités mentales qui sont les plus importantes à cet âge.

RESPONSABILITÉS ET DÉCISIONS

À ce stade de nos vies, nous sommes entièrement responsables de notre bien-être futur, et nous avons donc un extraordinaire potentiel de nous accomplir si nous en avons une forte motivation et une grande détermination. Par moments, nous pouvons nous sentir dépassés lorsqu'il s'agit de faire des choix ou de donner une direction à nos efforts et nos activités. C'est pourquoi je voudrais suggérer quelques lignes directrices, et surtout mentionner certaines conditions extérieures importantes auxquelles nous devrions aspirer lorsque nous nous efforçons de vivre une vie paisible et heureuse. Il s'agit de concepts bouddhistes, mais ils peuvent être appliqués aux circonstances de chacun. Il pourrait être utile d'y réfléchir lorsque vous décidez du mode de vie et de la carrière que vous souhaitez avoir, ainsi que des objectifs que vous souhaitez vous fixer dans la vie.

1. **Un revenu suffisant**

    Dès lors que nous n'avons pas pris la décision de mener une vie de renonciation complète en nous détournant des préoccupations mondaines, nous devons avoir un certain niveau de revenus afin de subvenir à nos besoins. Si nous sommes capables d'économiser un peu d'argent et d'accumuler des gains et des biens de manière respectable, nous pourrons jouir d'une tranquillité future. Il est toutefois indispensable de le faire sans s'impliquer dans des activités illégales ou des professions portant tort à autrui. Une profession préjudiciable peut consister à diriger un abattoir ou une entreprise de pêche commerciale, à travailler dans un laboratoire où nous sommes responsables de la mort de nombreux animaux ou à être général d'une armée en temps de guerre. Si nous n'avons pas d'autre choix que d'être impliqués dans ce genre d'occupation, ou si notre motivation reste malgré cela essentiellement pure, les conséquences n'en seront pas aussi lourdes. Autrement, s'impliquer dans ce genre de profession est certainement préjudiciable à notre bonheur à long terme, même si cela peut passer inaperçu au début. Les activités illégales telles que le trafic de drogues, d'armes ou de marchandises volées affectent également notre paix mentale et constituent un obstacle au bonheur futur.

2. Bonne gestion des finances

Il est important que nous dépensions notre argent de manière efficiente, en prenant soin des membres de notre famille et en accomplissant des actes méritoires. Les personnes avares sont excessivement attachées à l'argent et sont peu enclines à le dépenser. Même si elles achètent quelque chose, elles pensent continuellement à l'argent que cela leur a coûté et n'ont jamais l'occasion de profiter réellement de ce qu'elles ont acheté. De nombreuses personnes dépensent de l'argent pour des choses inutiles, afin de se sentir mieux ou pour satisfaire des désirs momentanés, mais cette habitude est généralement basée sur l'avidité ou l'impulsivité et risque de les priver du bonheur futur. À la place, il est important d'établir des priorités dans la façon dont nous dépensons notre argent, d'apprécier vraiment ce que nous avons acquis et d'être attentif aux façons dont nous pouvons éviter de contribuer à des institutions nuisibles et la destruction de l'environnement. De plus, nous devrions réfléchir soigneusement à la meilleure façon d'investir nos économies accumulées, et il est certainement bon d'en discuter avec des personnes compétentes en matière de gestion financière. L'argent a souvent une connotation négative, mais il n'y a rien de mal à l'argent en soi ; il peut même être très bénéfique. Le seul problème est la façon dont nous le percevons ou l'utilisons.

3. Être libre de dettes

Si nous sommes endettés envers d'autres personnes, financièrement ou autrement, nous risquons de ne pas avoir l'esprit tranquille tant que la dette n'aura pas été remboursée. Souvent, les gens s'endettent pour atteindre un bonheur temporaire, mais ensuite la dette devient disproportionnée par rapport au montant de revenus dont ils disposent. Cela crée de nombreuses difficultés au fil du temps, et les intérêts que nous devons rembourser sur notre carte de crédit nous obligent à travailler encore plus durement. Parfois, si nous pouvions donner une image à cette dette, elle ressemblerait à une montagne ! Alors, en dépit même d'être une personne généreuse et bien attentionnée, si nous nous endettons en dépensant de l'argent pour les autres, c'est une façon peu judicieuse d'être charitable, car les intérêts que nous payons pourraient servir à des fins bien plus utiles.

4. Une vie ne portant pas tort à autrui

En causant du tort ou faisant du mal à autrui, nous ne pouvons éprouver aucune satisfaction si nous pensons à nos actes. Les conséquences du mal fait, nous rattrapent toujours, tôt ou tard, comme un boomerang, que ce soit physiquement ou mentalement. Parfois, ces conséquences se manifestent de manière évidente, alors qu'à d'autres, elles sont plus obscures. Même sur notre lit de mort, nous ne pourrons pas échapper aux conséquences de nos actes, et nous aurons du mal à trouver la paix de l'esprit si nous n'avons pas mené une vie n'ayant causé de tort à personne.

CHOISIR ENTRE UNE VIE SPIRITUELLE ET UNE VIE LAÏQUE

Comme je l'ai mentionné précédemment, il existe d'innombrables possibilités et de voies que nous pouvons choisir d'emprunter dans nos vies. Cependant, il existe essentiellement deux directions principales entre lesquelles nous devons choisir — la vie spirituelle et la vie mondaine. Si nous choisissons la vie mondaine, nous allons devoir décider entre vivre avec un partenaire ou vivre seuls.

Je ne m'étendrai pas sur la vie spirituelle à ce stade, car elle semblerait probablement un peu étrange ou invraisemblable pour la plupart des jeunes dans le monde moderne d'aujourd'hui. Essentiellement, une vie spirituelle est une vie consacrée à la recherche de la paix intérieure et de la liberté complète de nos pensées et émotions incontrôlées, mais c'est aussi une vie dans laquelle nous devons être prêts à renoncer à tous les attachements du monde, dont beaucoup nous semblent aller de soi, afin de nous concentrer intensément sur la pratique spirituelle sous la direction d'un maître qualifié. Si c'est la voie que nous souhaitons poursuivre, elle doit l'être avec la plus grande attention. Nous ne devrions pas passer notre vie à goûter à toutes les tables, à prendre des morceaux de différentes religions et pratiques. Il est au contraire crucial de trouver une tradition spirituelle authentique et bien établie, ainsi qu'un guide spirituel et une communauté authentiques et reconnus.

Heureusement, les grandes traditions de sagesse du monde offrent une variété de voies adaptées aux personnes ayant des inclinaisons et des capacités différentes — tant pour celles qui ont un penchant intellectuel, celles qui ont une propension naturelle à la dévotion ou encore celles qui trouvent facile de méditer. Dans ma culture, il est possible pour certaines personnes de s'engager pleinement dans une vie spirituelle tout en ayant un emploi et un partenaire, en choisissant de simplifier leur vie, et en essayant d'intégrer ces aspects à la pratique spirituelle. Pour d'autres, il peut être plus approprié de rejoindre une communauté spirituelle en marge du rythme effréné de la vie quotidienne, ou même d'envisager d'entrer dans un monastère. Je parlerai davantage de la vie spirituelle dans le chapitre suivant, en m'appuyant sur mon expérience personnelle au Tibet.

En supposant que ce genre de vie nous semble trop marginal, il existe de nombreuses possibilités de poursuivre le bonheur tout en menant une vie laïque. Cela ne signifie pas que nous ne pouvons pas avoir une dimension spirituelle dans notre vie ; toutefois, nous ne pourrons pas nous y dédier aussi intensément que quelqu'un qui en fait le point de mire de sa vie entière.

En choisissant la vie mondaine, à l'image de la majorité des gens, la plus grande décision que nous aurons à prendre sera de faire le choix de vivre avec un partenaire ou en célibataire. Dans le cas où nous souhaiterions avoir un partenaire, nous devons réfléchir soigneusement au type de personne avec laquelle nous voulons passer notre vie. Nous devons être prêts à accepter les gens tels qu'ils sont, car nous avons tous des défauts. Ne vous attendez pas à trouver quelqu'un de parfait, d'irréprochable ou qui vous ressemble, et n'escomptez pas l'amener à changer plus tard lorsque vous vous apercevez qu'il n'est pas sans défauts. Nous devons réfléchir honnêtement à nos propres expériences et à notre type de personnalité et observer celles de notre entourage.

Imaginons que nous soyons une personne très indépendante ou ambitieuse qui souhaite atteindre de nombreux objectifs. Nous pourrions préférer mener une vie simple et paisible, ou une vie toujours ouverte à de nouvelles opportunités. Si c'est le cas, la vie de célibataire nous conviendrait le mieux. En ayant moins de compromis à faire, nous aurons beaucoup plus d'espace dans notre vie. Sans la responsabilité ou le besoin de consacrer beaucoup de temps aux affaires familiales, nous aurons plus d'opportunités et de liberté pour poursuivre nos propres intérêts.

Si nous sommes naturellement prévenants et attentionnés et que nous souhaitons vouer notre vie à une autre personne et à la fondation d'une famille, nous sommes probablement mieux adaptés pour une vie en couple — nous aurons alors plus de possibilités de développer ces qualités et de mener une vie de famille épanouie. La plupart des gens souhaitent être proches et intimes avec quelqu'un d'autre, et seront donc attirés par la recherche d'une autre personne en qui ils peuvent avoir complètement confiance et qu'ils accepteront, ce qui procurera une source d'amour et de sécurité. Cela peut donner lieu à un degré de bonheur bien plus intense que celui que l'on trouve dans la fortune, la célébrité ou les possessions matérielles, car il y aura toujours là l'amour et la sécurité, même lorsque les circonstances ne sont pas favorables.

CE QU'IL FAUT RECHERCHER CHEZ UN PARTENAIRE

En choisissant de passer notre vie avec un partenaire, il est essentiel de savoir quelles sont les qualités les plus importantes que nous recherchons chez cette personne. Nous devons veiller à ne pas nous laisser emporter par des émotions passagères ou une attirance aveugle[19], car cette sorte de sentiments n'est que temporaire et rien ne garantit qu'ils dureront très longtemps. Avec la fin de la période de lune de miel, il se peut qu'il n'y ait plus rien pour maintenir la relation. En revanche, si nous choisissons notre partenaire parce qu'il ou elle possède les bonnes qualités intérieures, nous jetons les bases d'un amour plus fort et plus durable et d'une vie heureuse ensemble.

Cela ne signifie pas que la « chimie » ou le « déclic » ne sont pas importants. De fait, un certain type d'énergie peut être ressenti entre un homme et une femme aux polarités sexuelles opposées, et nous pouvons apprendre à utiliser cette connaissance à notre avantage. Le plus souvent, un homme doté d'une forte qualité masculine, avec un sens aigu de la direction et de l'objectif, sera attiré par une femme dotée d'une forte qualité féminine, qui est mue par son désir de partager l'amour et l'énergie avec les autres. Comprendre cette polarité naturelle peut contribuer en énergie et passion dans une relation intime. Cela peut également aider un couple à travailler ensemble comme une équipe et à résoudre de nombreux conflits.

Certaines personnes éprouvent une attirance immédiate et constante l'une pour l'autre, allant au-delà de la pensée rationnelle pour atteindre un niveau plus profond de sensation et d'intuition, comme il en est fait état dans le concept occidental des « âmes sœurs ». Cependant, cette intuition et cette impression de connexion immédiates ne constituent généralement pas en soi une base solide pour choisir un partenaire, et il est important de combiner ces ressentis avec la raison. Il est donc crucial de réfléchir soigneusement aux qualités intérieures que nous apprécions dans une relation, afin de trouver le partenaire qui nous convient le mieux.

Voici une liste de seize qualités à considérer attentivement lors de la recherche d'un partenaire, en commençant par les plus essentielles :

A. Qualités intérieures

Un bon cœur

La qualité la plus importante à rechercher est un bon cœur. Nous devrions nous demander s'il ou elle est une personne naturellement aimante et compatissante. Si votre partenaire n'a pas un bon cœur, quelles que soient les autres qualités qu'il ou elle possède, vous avez peu de chances d'être heureux avec cette personne. N'oubliez pas que tout peut arriver dans votre relation, car les circonstances peuvent changer à tout moment. Une relation dans laquelle les deux partenaires ont un bon cœur sera en mesure de surmonter ces changements de la meilleure façon possible.

Fidélité

La deuxième qualité la plus importante est la fidélité. En supposant que vous et votre partenaire ne soyez pas fidèles l'un à l'autre, de nombreux problèmes risquent de surgir. Si vous ne pouvez pas vous faire entièrement confiance, vous ne pouvez pas non plus vous aimer pleinement.

Empathie

Il s'agit d'une authentique ouverture d'esprit et de sensibilité, en étant capable de se mettre à la place de l'autre. Si cela fait défaut, toutes sortes de conflits surgiront et il sera difficile de les résoudre.

Une bonne communication

Cet aspect est important, car, dans le cas où votre partenaire ne soit pas naturellement sensible ou compréhensif, une bonne communication peut éviter les malentendus et faciliter la résolution des conflits. Cela inclut la communication verbale et non verbale. Ainsi, vous pourrez éviter plus efficacement les impasses et engager le dialogue. Une bonne communication peut également vous aider à bien travailler en équipe.

Honnêteté

Sans honnêteté, nous aurons beaucoup de mal à faire confiance à l'autre personne. Il est impossible de cacher quelque chose à notre partenaire indéfiniment. S'il le découvre, nous risquons de perdre sa confiance, bien que nous soyons habituellement honnêtes.

Croyances et intérêts similaires

Il est également important d'avoir des croyances et des intérêts en commun. À supposer que vos opinions religieuses ou politiques soient les mêmes et que vos idées sur la vie sont similaires, la vie commune sera plus facile et vous vous connaîtrez plus intimement. Si vous avez les mêmes goûts et les mêmes aversions, il sera plus facile de passer du temps ensemble à faire des choses que vous aimez, plutôt que de vous ennuyer ou de vous sentir irrités l'un par l'autre !

Ambitions communes

Ce point est crucial si vous souhaitez réaliser quelque chose ensemble, comme posséder une maison ou fonder une famille. Sans objectifs pour le moins similaires, il est facile d'abandonner à mi-chemin et ne pas aller au bout de ce que l'on s'est fixé.

Intelligence

Cette qualité est importante si nous voulons traverser les périodes difficiles de la vie avec succès et lorsque nous sommes confrontés à des décisions importantes. Avec l'aide d'un partenaire intelligent, nous sommes plus à même de prendre des décisions judicieuses.

Esprit pragmatique

Une personne pragmatique est d'une grande aide lorsqu'il s'agit de veiller aux contraintes du quotidien telles que les finances et d'autres affaires familiales. Nous sommes parfois réticents à affronter la réalité de la vie ; dépassés par notre situation ou préférant nous perdre dans des pensées fantaisistes. Une personne pragmatique peut nous aider à garder les pieds sur terre.

B. Autres éléments importants à prendre en compte dans le choix d'un partenaire

Une bonne santé

En choisissant un partenaire en raison d'une attirance physique ou d'émotions passagères et ne tenant pas compte du niveau de sa santé, nous courrons le risque d'être désenchantés au cas où notre partenaire serait continuellement malade et de trouver pénible de nous occuper de lui. Toutefois, vue sous un autre angle, cela peut représenter une excellente occasion de développer la tolérance et la compassion.

Une bonne éducation et une bonne carrière

Un esprit entraîné et orienté vers la réussite peut être un atout dans la gestion des problèmes qui surviennent au cours de la vie. Néanmoins, nous accordons généralement trop de valeur à l'éducation et à la réussite professionnelle, les considérant comme des symboles d'un statut élevé ou d'un bon niveau dans la société. Nous devons nous assurer de ne pas choisir un partenaire de statut élevé juste pour « en mettre plein la vue », car cela nous rendrait certainement malheureux à long terme.

Contextes culturels similaires

Si deux personnes ont des contextes culturels proches, leurs habitudes seront similaires et elles pourront s'entendre plus facilement. Cependant, il n'est pas impératif de venir de contextes culturels similaires, car les habitudes peuvent être modifiées. Ce qui est plus important, c'est que vous soyez tous deux disposés à apprendre et à vous adapter l'un à l'autre, plutôt que de rester obstinément retranchés dans vos propres habitudes.

Famille

Nous pensons souvent que le mariage ou la famille nous rendra heureux. À supposer que nous ayons une famille soudée et attentionnée, dans laquelle l'amour est offert sans aucune condition, nous aurons en effet un grand avantage dans la vie. Néanmoins, si nous échouons à cultiver les liens familiaux et la prévenance entre ses membres, ou si nous ne parvenons pas à enseigner l'autodiscipline à nos enfants, la vie de famille peut au contraire être source de nombreux conflits.

Beauté

Ce critère se place bien plus bas dans la liste que la plupart des gens ne l'imaginent lorsqu'ils réfléchissent à ce qui est important chez un partenaire. De la même manière que nous pouvons être fiers d'avoir un partenaire qui a une bonne carrière, nous pouvons penser qu'avoir un partenaire charmant nous fera nous sentir bien dans notre peau ou impressionnera les autres. Malheureusement, choisir d'être avec quelqu'un uniquement parce qu'il est séduisant peut entraîner de la jalousie, de l'insécurité et finalement du chagrin lorsque l'attirance initiale s'estompe. N'oubliez pas non plus que la beauté est dans l'œil de celui qui regarde. Si nous développons un amour sincère pour notre partenaire, nous le trouverons beau, quelle que soit son apparence.

La richesse

Choisir un partenaire financièrement aisé peut nous aider à mener une vie confortable, à nous faire de nombreux amis et à nous débarrasser du stress des fardeaux liés aux finances. Toutefois, cela ne suffit pas en fin de compte pour goûter au bonheur et à la paix. La richesse peut même créer plus de problèmes et nous priver de notre liberté, surtout si nous ne l'utilisons pas de la bonne manière ou si nous la considérons comme acquise. La somme des montants n'est donc pas aussi importante que notre capacité à utiliser l'argent que nous avons d'une manière avisée ou compatissante.

L'âge

Certaines personnes pensent que l'âge est un facteur essentiel à prendre en compte, mais ce n'est pas aussi important que ce que l'on pourrait croire. En développant une confiance et un amour mutuels véritables, et en ayant un degré de connaissance comparable, un grand écart d'âge n'est pas problématique. En revanche, un écart important — par exemple, dans le cas où une nouvelle épouse serait plus jeune que la fille eue d'une relation précédente — indique souvent que les attentes et les perspectives sur la vie seront différentes. Cela peut entraîner des conflits, et il est donc parfois préférable d'éviter un écart d'âge trop important.

Lors du choix d'un partenaire, toutes ces qualités doivent être soigneusement évaluées. Nous devrions choisir un partenaire qui possède le plus grand nombre des qualités citées plus haut dans la liste (ce sont là les plus importantes) et avec lequel nous nous sentons à l'aise pour travailler en « équipe ». Le facteur le plus important reste, cependant, notre intention de partager un amour pur et de prendre soin de l'autre personne. Si nous ne prenons en considération les qualités de l'autre que pour satisfaire nos propres besoins ou nous façonner une bonne image, nos attentes risquent de ne pas être comblées et des problèmes risquent de surgir.

Il est également essentiel d'être à l'aise pour « être soi-même » avec son partenaire, plutôt que d'essayer de se conformer à une image particulière. En d'autres termes, vous êtes prêt à être honnête et complètement ouvert. Bien que cela puisse demander un peu d'entraînement, il est possible de créer un espace où vous n'avez rien à cacher et où la véritable intimité peut s'épanouir, naturellement et spontanément.

LE BONHEUR DANS NOTRE RELATION

Un jeune homme marié depuis quelques années est venu demander conseil à son grand-père. Il était malheureux dans son mariage, disait-il, et voulait y mettre fin. Le vieillard répondit au jeune homme qu'il devrait plutôt attendre deux mois et que, pendant ce temps, il devrait traiter sa femme comme une vraie princesse. Bien que le jeune homme soit contrarié par cette décision, il l'accepte. Deux mois plus tard, le grand-père demande au jeune homme s'il a toujours l'intention de divorcer. « Divorcer ? » s'exclame le jeune homme, l'air surpris. « Pourquoi voudrais-je faire cela ? Je suis marié à une vraie princesse! »

Cette histoire nous montre que la façon dont nous percevons notre situation dépend du façonnement de notre attitude mentale. Si nous nous entraînons à penser que notre partenaire est un prince ou une princesse, alors cela pourrait bien devenir notre réalité. Quelle que soit la situation dans laquelle nous nous trouvons, la meilleure condition pour une relation heureuse et saine est de voir en notre partenaire un être précieux et d'en prendre soin de la meilleure façon possible.

Cela ne signifie pas pour autant qu'il est possible de faire en sorte que n'importe quelle relation fonctionne parfaitement bien si nous y mettons de l'effort. Notre objectif devrait plutôt être de créer un environnement où les pensées et les sentiments positifs que nous éprouvons l'un pour l'autre dépassent largement les négatifs (auxquels tous les couples ont affaire). Cela permet à un couple de mieux s'entendre, de s'honorer et de respecter l'autre et leur relation ensemble, et dans ce cas nous pouvons dire qu'un tel couple est « émotionnellement intelligent » [20].

Dans une relation, il est important de faire preuve de souplesse et d'accepter de changer certaines des habitudes personnelles que notre partenaire n'aime pas. Nous devons également apprendre à accepter les habitudes de notre partenaire, même si elles sont dérangeantes et né-cessitent beaucoup de patience et d'indulgence de notre part. Souvent, nous devons faire preuve de plus de patience et d'indulgence à mesure que nous progressons dans une relation, car l'euphorie et l'éclat initial s'estompent généralement à un moment donné et nous commençons inévitablement à remarquer des défauts. Dans certains cas, nous avons besoin non seulement de patience et de pardon, mais aussi d'une grande adresse pour aider l'autre personne à surmonter ses faiblesses.

Dans la culture bouddhiste tibétaine, un maître spirituel attire tou-jours l'attention sur les faiblesses d'un étudiant et les exagère parfois jus-qu'à l'humiliation, mais il ne le fait qu'avec les étudiants qui ont le plus grand potentiel. Cette technique est généralement désastreuse dans une relation personnelle, et même si nous avons les meilleures intentions, nous devons nous rappeler que la confrontation directe donne rarement de bons résultats, à moins que nous soyons très adroits dans l'emploi de cette technique ou que notre relation ait des bases très solides. En outre, avant d'essayer d'aider notre partenaire à surmonter ses faiblesses, nous devons prendre pleinement conscience de nos propres faiblesses et de la difficulté de les surmonter.

Nous devons garder à l'esprit qu'il est facile d'attribuer le comporte-ment d'une autre personne à ses défauts personnels alors qu'il est en fait dû à autre chose. Nous devons essayer d'éviter cela autant que possible, car nous ne faisons que supposer ou imaginer pourquoi l'autre personne se comporte d'une certaine manière. Au lieu de cela, il est nécessaire de bien communiquer et de clarifier les raisons de son comportement, tout en se mettant à sa place. Mais, n'espérez pas entendre ce à quoi vous vous attendiez — soyez prêt à tout entendre et soyez patient, avec la détermination de résoudre le problème, quels qu'en soient la difficulté ou le temps nécessaire. Si votre partenaire semble irrationnel ou excessif, rappelez-vous que ce n'est pas la réalité du cœur. Laissez la sagesse et l'esprit de la compassion vous guider vers le meilleur plan d'action — le plus souvent, une solution ou un compromis peut être trouvé, mais si ce n'est pas le cas, vous allez peut-être devoir accepter ce qui ne peut être changé.

Il n'est pas surprenant que ces principes s'appliquent non seulement à la relation avec notre partenaire ou notre conjoint, mais aussi à toutes nos relations — avec la famille, les amis, les partenaires professionnels ou les voisins. La source par excellence de conflit est une trop grande attention portée à soi et un manque de considération pour l'autre. Cette attitude est toutefois rarement intentionnelle. Nous savons tous qu'il est indésirable d'être égoïste et qu'il est en revanche bon d'être prévenant et attentionné, malgré cela, l'habitude profondément ancrée de nous centrer sur nous-mêmes persiste, en partie à cause de notre culture et de notre éducation. La seule façon de surmonter cette habitude est de faire briller la lumière de la conscience sur nos actions tout au long de la journée, en réfléchissant attentivement à la façon dont nous pensons, parlons et agissons. Sommes-nous attentionnés et prévenants ? Pouvons-nous améliorer nos actions d'une quelconque manière ? Pouvons-nous dire que nous agissons d'une manière qui est « émotionnellement mature » ? Petit à petit, nous pouvons découvrir une personne moins égocentrique, plus compatissante et plus sympathique.

LES COUPS DE FOUDRE ET LES CŒURS BRISÉS

J'ai longuement discuté des qualités importantes que nous devrions prendre en compte lors du choix d'un partenaire, plutôt que de choisir quelqu'un simplement parce que nous sommes « tombés amoureux ». Bien
que ce concept puisse sembler étrange à de nombreuses personnes dans
le monde moderne, je crois que beaucoup de douleur et de souffrance
émotionnelle peuvent être évitées si nous apprenons à considérer le sujet
de l'amour d'un point de vue plus mature et plus terre à terre.

Il est certainement vrai que l'amour romantique peut être le sentiment le plus exaltant et le plus agréable que l'on peut éprouver. Tout le
monde peut faire l'expérience de cet étonnant état de bonheur, quels que
soient son statut social, ses croyances ou sa culture, qu'il soit riche ou
pauvre. Cependant, l'amour romantique a aussi un côté sombre. Nous
pouvons croire qu'il durera toujours, alors que ce n'est pas nécessairement le cas. La joie de l'amour romantique peut s'épuiser après quelques
mois ou années, et l'inséparable couple d'alors peut soudainement se
transformer en deux personnes jalouses, colériques ou déprimées. En
outre, les sentiments d'attirance pourraient ne plus être réciproques, ce
qui peut aussi conduire à un chagrin d'amour inconsolable. Comment,
demandons-nous, apprendre à prévenir ou à gérer ces situations ?

À supposer que le sentiment initial qui accompagne le fait de tomber
amoureux perdurait et aboutissait toujours au bonheur, il serait tout à
fait raisonnable de choisir un partenaire de vie sur la base de l'amour romantique. Dans le cas de la plupart des gens, cependant, ce sentiment ne
dure que peu de temps et finit par le chagrin, voire le désespoir. Souvent,
l'amour qu'ils éprouvent pour la personne n'est pas réciproque, mais ils
se sentent impuissants face au désir intense et incontrôlable qu'ils ont
pour l'être aimé. Je ne comprends pas tout à fait pourquoi les gens pensent que tomber amoureux est hors de leur contrôle. Certes, je conviens
que le coup de foudre est une émotion très puissante, mais toute émo-

tion, quelle qu'elle soit, est créée par notre esprit. C'est pourquoi nous devrions être capables de l'entraîner afin de gérer ces émotions de manière plus constructive.

J'ai le sentiment qu'un nombre important de nos croyances sur l'amour trouvent leurs racines dans la culture, et je trouve curieux qu'il n'existe pas de conseils spécifiques dans la littérature ou la psychologie occidentale permettant d'apprendre aux gens à contrôler leurs élans amoureux ardents. La littérature, les chansons et la poésie occidentales comprennent très bien les sensations de béatitude et d'enchantement de l'amour romantique, tout autant que le désespoir qui accompagne un cœur brisé, mais il y existe peu de conseils sur la façon de surmonter un chagrin d'amour ou d'éviter que cela ne se produise en premier lieu. Au lieu de cela, la littérature et la poésie semblent renforcer la croyance selon laquelle le coup de foudre échappe totalement à notre contrôle et qu'il est dans la nature humaine d'être esclave de telles émotions. Il serait peut-être plus sensé de nous demander comment nous pouvons contrôler ces émotions, car tomber amoureux ne conduit pas toujours au bonheur et peut même renforcer des attitudes négatives, comme la possessivité. En n'en tenant pas compte, ces attitudes peuvent se transformer en une prison pour nous.

Ayant reconnu le côté sombre de l'amour romantique, que pouvons-nous faire pour y remédier?

Tout d'abord, lorsque vous recherchez un partenaire, il peut être utile de garder à l'esprit les qualités intérieures qu'il pourrait ou non posséder. Quand bien même cette personne n'est pas physiquement attirante au départ, si elle est riche en qualités intérieures, elle deviendra plus aimable à vos yeux avec le temps, à mesure que l'amour que vous partagez croîtra. Inversement, si l'attirance physique est la seule fondation de votre amour, elle pourrait dissimuler certains traits de caractère intérieurs de votre partenaire, et sa « beauté » a toutes les chances de s'estomper à mesure que les problèmes remontent à la surface.

Deuxièmement, nous devons prendre conscience que l'amour romantique contient presque invariablement un élément d'attachement qui peut obscurcir notre jugement et entraîner un chagrin d'amour par la suite. Il est essentiel de le reconnaître lorsque nous recherchons un partenaire. C'est comme si nous étions emportés par les eaux déferlantes d'une rivière et que nous nous agrippions à quelques roseaux sur son bord, pensant que nous pourrions grimper sur la rive. Mais les roseaux cèdent, car ils ne sont pas solidement enracinés et nous sommes à nouveau emportés par le cours de la rivière. De même, nous pourrions penser qu'une relation nous apportera un bonheur durable, mais si elle n'a pas pour fondation un amour inconditionnel, cela se déroule rarement ainsi. Cela ne signifie pas pour autant que toutes les relations ayant commencé par l'amour romantique sont vouées à l'échec. Pourvu que la relation soit fondée sur le respect sincère et un amour inconditionnel, alors le coup de foudre pourrait très bien aboutir à un bonheur durable.

Il se peut que nous soyons engagés dans une relation et que nous réalisions soudainement que nous avons très peu de choses en commun avec notre partenaire. Dans ce cas, il peut être préférable de reconnaître ces différences et de s'accorder à être pragmatiques afin de pouvoir passer à autre chose, en particulier si nous avons auparavant essayé de trouver un compromis sans y parvenir. Bien que cela puisse sembler un peu étrange, si nous aimons sincèrement et avons de la compassion pour notre partenaire, nous serons contents s'il est heureux, et ce, même s'il ne veut pas être avec nous. Nous pouvons prendre conscience que cela est vrai si nous apprenons à nous mettre vraiment à leur place et à faire passer leur bien-être avant le nôtre.

Une dernière remarque sur le thème du coup de foudre. Il y a un adage que j'ai entendu en Occident, selon lequel les gens tombent amoureux et vivent ensuite « heureux pour toujours ». Imaginons un instant que cela soit au moins partiellement vrai et que deux personnes tombent amoureuses et vivent heureuses ensemble. Le moment viendra, hélas, où l'une d'entre elles finit par mourir. Bien entendu, nous savons que c'est la réalité de la vie, et c'est cette réalité de l'impermanence que nous devons accepter et affronter, si nous voulons vraiment trouver le bonheur. Je reviendrai là-dessus plus loin dans le livre, il suffit pour l'instant de prendre conscience que tomber amoureux, comme tout ce qui advient dans notre vie, est un état impermanent, et pourrait se révéler beaucoup plus impermanent que bien d'autres choses!

LES MULTIPLES FACETTES DE L'AMOUR

Il existe de fait de nombreuses formes d'amour différentes, et l'amour romantique n'en est qu'un exemple. L'amour est une émotion que tous les êtres humains ont la capacité d'éprouver, quelles que soient leur langue, leur culture ou leurs croyances. Et quand bien même nos expériences de l'amour sont limitées, nous avons une idée de la signification du mot « amour », pourtant ce mot évoque en chacun de nous une représentation différente de ce qu'est l'amour ou de ce qu'il devrait être.

Nous pouvons parler de cinq principales catégories d'amour ; à la plupart desquelles nous avons eu déjà affaire, à notre âge : l'amour parental, l'amour romantique, l'amour attendri, l'amour possessif et l'amour compatissant.

Chacune de ces catégories porte l'accent sur ou apporte une valeur légèrement différente, mais elles partagent toutes le même réservoir d'amour compatissant. Il s'agit de la forme suprême d'amour, car le bonheur durable ne s'obtient qu'en cultivant cette qualité. Il serait extrêmement utile d'analyser les apports et les lacunes de ces différentes formes d'amour, car en avoir conscience peut nous aider à déterminer la façon dont nous pouvons transformer l'amour que nous portons aux autres en quelque chose d'encore plus riche et plein de sens.

1. L'amour parental

Il est communément appelé « amour maternel » et décrit l'amour d'une mère pour son enfant. Dans le monde moderne, nous pouvons également parler de « l'amour paternel ». Ce type d'amour est empreint de patience, de tolérance et de soins attentifs. Il est souvent considéré comme « inconditionnel », mais en réalité, ce n'est pas toujours le cas. Cet amour est généralement fort et stable, il dure la plupart du temps toute la vie et ne repose certainement pas sur autant de conditions que les autres formes d'amour. Il est une source de joie et de prévenance, mais également, dans certains cas, de possessivité, ce qui peut donner lieu à beaucoup de peine lorsque nos enfants revendiquent leur indépendance et que nous réalisons n'avoir que très peu de contrôle sur la façon dont ils choisissent d'agir. À considérer l'amour parental en termes de pourcentage, il serait composé à 50 % de compassion et de prévenance, à 20 % de possession et environ 30 % d'attachement.

2. L'amour romantique

Cette catégorie d'amour puissant et émotif se manifeste par l'attraction, la passion et l'adoration. Comme nous l'avons vu plus haut, il apporte initialement beaucoup de joie, de fierté et de force intérieure. Dans certains cas, il se manifeste par un amour compatissant, mais généralement il est imbu d'une attitude égocentrique et possessive. Par exemple, nous pouvons être emportés par l'attachement à l'apparence, à la réputation ou à l'image d'une personne, ce qui entraîne la possessivité, la jalousie ou l'anxiété. Il s'agit donc la plupart du temps d'une forme d'amour conditionnel et il est rarement durable, surtout si notre relation n'est fondée que sur ses sentiments superficiels.

L'amour romantique se compose d'environ 30 % de fierté, 20 % de possessivité, 30 % de dépendance et 20 % de prévenance et de compassion. Tant que la jalousie, la possessivité et les attitudes égocentriques prédominent, cette forme d'amour est conditionnelle et inconstante. Toutefois, grâce à une proportion plus élevée d'attention et de compassion, les préoccupations égocentriques peuvent s'estomper et une sensation de bonheur plus profond peut alors être ressentie. Ainsi l'amour romantique peut devenir inconditionnel.

3. L'amour attendri

Cette forme d'amour évoque des sentiments de tendresse envers d'autres êtres vivants tels que les bébés, les animaux et les animaux de compagnie. Nous pouvons également le ressentir lorsque nous sommes au contact de la nature, de l'art, de la musique ou tout objet inspirant de tels sentiments. L'expérience de l'affection qui va de pair avec l'amour attendri est généralement accompagnée d'un sentiment de joie sincère, et ne dépend pas de conditions spécifiques. Il est plutôt associé à des sentiments tels que la protection, la douceur et la bonté. L'amour attendri est généralement composé d'environ 10 % de fierté et de possessivité, 20 % de dépendance, 30 % de compassion et 40 % de sollicitude.

4. L'amour possessif

Cette forme d'amour est associée à des états d'esprit négatifs ou destructeurs tels que le désir, l'envie, l'orgueil ou des sentiments de nature superficiels. Par exemple, l'amour de certains objets par pure vanité ou pour le contentement de soi. Cette forme d'amour est composée d'environ 50 % de possessivité et d'orgueil, 30 % de dépendance, 20 % de sollicitude et quasiment aucune compassion.

5. L'amour compatissant

Cet amour fait référence à une compréhension, une empathie et une sollicitude véritables, ou à la présence d'une forte proportion de ces qualités. Il s'agit d'un sentiment d'amour et de bienveillance à l'encontre de tous les êtres vivants, que l'un éprouve d'une façon tout à fait égale à soi-même, et cela ne signifie pas avoir de la pitié ou de la sympathie envers ceux qui souffrent. Il s'agit plutôt d'une sollicitude sincère, sans jugement et inconditionnelle envers tous les êtres vivants, indépendamment de leur apparence, de leur statut ou de leurs circonstances.

Notre capacité à incarner l'amour compatissant varie énormément. Je pense que chacun a le devoir intrinsèque de développer cette qualité, tant dans notre intérêt, que celui des autres. Plus particulièrement, cette qualité peut déboucher à des degrés supérieurs de bonheur et d'assurance ; elle serait à même de nous aider à atteindre l'illumination. Cultiver la qualité de l'amour compatissant exige normalement un degré élevé de raisonnement et d'entraînement mental ; toutefois, des personnes exceptionnelles l'ont naturellement dans leur cœur.

La compassion efficiente doit être associée à la sagesse ; notre sollicitude envers les autres peut alors devenir sincère, sans équivoque et immuable. En nous fiant uniquement à la sympathie ou à la pitié, il sera difficile de trouver des solutions qui profitent vraiment aux autres. Nous risquons plutôt de finir par être découragés en constatant que nos actions ne sont pas bien efficaces, et notre compassion pourrait être compromise encore plus.

Comment, dans ces conditions, développer l'amour compatissant ? Il serait fort bon d'identifier les formes d'amour présentes dans nos relations, puis de nous efforcer d'accroître les proportions de compassion, de respect et de gratitude, tout en réduisant les proportions d'attachement, d'égotisme et d'orgueil. De nombreux aspects de notre vie quotidienne sont influencés par une culture qui ne met pas en valeur l'importance de l'amour compatissant. Il est donc crucial de le pratiquer avec nos partenaires, nos familles et nos proches. Avec cette fondation comme base, nous pouvons étendre l'amour inconditionnel à tous les êtres vivants avec la certitude que cela mènera à un mental vigoureux ainsi qu'à une vie plus heureuse.

Heureusement, il existe de nombreux modèles exemplaires à suivre dans la pratique de cette forme d'amour. Dans la tradition bouddhiste, ils sont connus sous le nom de Bodhisattvas ; ce sont des êtres qui incarnent l'amour infini et inconditionnel envers tous les êtres vivants. Par conséquent, quoi qu'ils fassent, leur vie est pleine de joie. La compassion d'un bodhisattva est une compassion sincère associée à la sagesse. Elle est également connue sous le nom de « compassion zélée », signifiant qu'aucune circonstance ne peut ébranler ou amener à renoncer à cette qualité. Chacun devrait aspirer à émuler cette qualité, car sans elle, nous ne pourrons jamais tout à fait surmonter la souffrance. Nous avons tous le potentiel d'accéder à cette qualité et devons donc faire de notre mieux pour la cultiver, quels que soient les obstacles sur notre chemin.

PARVENIR AUX OBJECTIFS ET FORGER UNE FORCE DE CARACTÈRE

Quelle que soit l'étape de la vie à laquelle nous nous trouvons, il est important d'avoir des objectifs, quoique cela soit d'importance cruciale au cours de notre jeunesse lorsque nous possédons un remarquable potentiel pour nous appliquer à les atteindre. Les objectifs peuvent être à la fois transitoires, comme terminer un programme d'études, et durables, comme faire une découverte importante ou veiller au développement spirituel. Les objectifs doivent également avoir un sens. Par exemple, l'achat d'une maison ou d'un bateau coûteux ne contribuera pas au bonheur futur, alors qu'un objectif permettant d'aider les autres nous sera bénéfique tout autant qu'à eux. Sans objectifs réalistes et ayant du sens, nous traversons la vie dans un état d'infantilisme ou de rêverie, risquant de dériver, sans jamais connaître notre direction, et de ne pas réaliser notre potentiel de faire une différence dans le monde.

À supposer que nous ayons défini au moins quelques objectifs dans la vie, c'est merveilleux ! Ceci est la première étape cruciale, alors que la deuxième étape incontournable est d'essayer d'atteindre ces objectifs. Les qualités mentales que nous devons cultiver pour y parvenir sont l'ambition et la diligence enthousiaste. Sans elles, tout objectif ne serait qu'un fantasme.

Il est également important d'avoir la ferme conviction dans notre capacité à atteindre les objectifs que nous nous fixons. Au cas où nous ne serions pas complètement convaincus de notre capacité à réussir, il y a de fortes chances que nous abandonnions lors de circonstances démoralisantes. Si, au contraire, nous avons une solide confiance en nous, alors, quels que soient les obstacles qui se dressent sur notre chemin et le nombre de fois où nous échouons, nous continuerons systématiquement à réessayer et nous aurons de grandes chances de finir par réussir.

La capacité à persévérer, quels que soient les obstacles auxquels nous sommes confrontés, se résume en fin de compte à la force de caractère. La pierre angulaire d'une bonne et forte personnalité est une combinaison de confiance en soi, de discipline et de force mentale, ainsi qu'un degré élevé de contentement. Certaines personnes sont nées dotées de ces caractéristiques, mais la plupart d'entre nous doivent travailler avec application afin de les acquérir, tout en veillant à ne pas en développer une au détriment d'une autre ! Je veux dire par là qu'il est important de faire preuve de sagesse dans la manière dont nous développons notre caractère. Par exemple, lorsque nous essayons de développer la confiance en soi, nous pouvons tomber en proie de l'orgueil ou de l'arrogance, soit lorsque nous essayons de développer le contentement mental, nous pouvons finir par être complaisants.

Il est important d'observer constamment nos pensées et nos actions, et de mettre en pratique la sagesse dans le choix de la direction que nous prenons, extérieurement et intérieurement. C'est à ce moment-là qu'il s'avère utile d'avoir un mentor ou un maître spirituel qui nous guide dans le développement de nos qualités mentales. Peu importe que ce « mentor » ait reçu ou non une formation religieuse ou possède un niveau d'éducation élevé ; l'essentiel est qu'il ou elle soit familiarisé avec les bonnes qualités dont nous parlons.

LA COMPLAISANCE PAR OPPOSITION AU CONTENTEMENT

Je voudrais maintenant parler davantage de la complaisance. J'ai déjà mentionné que lorsque nous parlons de cultiver le contentement, il arrive que les gens le confondent avec la complaisance. Qu'est-ce que je veux dire par là ? Prenons l'exemple d'une personne qui a entendu dire que pour atteindre le bonheur, nous devons cultiver nos bonnes qualités intérieures et apprendre à nous contenter de ce que nous avons, au lieu de toujours en vouloir plus. À moins que nous soyons perspicaces et avisés ou que nous ayons un bon professeur, nous serions tentés de penser qu'il suffit d'avoir une attitude positive et de ne pas nous inquiéter de quoi que ce soit. Malheureusement, cela nous conduit généralement à perdre notre concentration et à devenir désorganisés. C'est ce que j'entends par complaisance.

Une attitude complaisante ne nous aidera pas à atteindre le bonheur. Bien qu'une attitude détendue et calme puisse, à des moments, être bénéfique, tomber dans l'extrême de l'insouciance ou de l'absence de volonté est le risque encouru. Bien qu'il soit important de nous contenter de nos circonstances, il est également crucial de prendre conscience du potentiel que nous avons, d'améliorer notre situation au prix d'un modeste effort. Il est tout à fait possible d'être content de ce que nous avons et de notre position, tout en faisant des efforts pour atteindre nos objectifs. En guise d'exemple, supposons que nous sommes obligés de prendre des douches froides parce que le chauffe-eau est en panne, nous pouvons nous « contenter » de douches froides pour un certain moment et ne pas laisser cette situation perturber notre paix intérieure, mais cela ne veut aucunement dire que nous n'allons pas le réparer ! En étant trop complaisants, nous laissons passer de nombreuses occasions et notre potentiel de nous améliorer pourrait rester ignoré.

Alors que la complaisance est l'un des extrêmes qui nous éloignent du véritable contentement, l'autre serait notre incapacité à nous sentir satisfaits par notre situation. Quand bien même nos circonstances extérieures sont prospères, si nous sommes continuellement insatisfaits, nous en voudrons toujours davantage et nous ne saurons pas apprécier ce que nous avons déjà. Cette attitude est souvent ancrée dans un état d'esprit de compétitivité et de convoitise, consistant à vouloir être meilleur que les autres ou imbu de ses propres accomplissements. Malheureusement, cette attitude est souvent encouragée par la société dans laquelle nous vivons.

J'ai lu récemment un rapport révélateur qui décrivait une enquête au cours de laquelle on demandait aux gens de répondre à la question suivante : préférez-vous occuper un emploi où vous gagnez 100 000 dollars par an alors que les autres employés gagnent 80 000 dollars, ou bien un emploi où vous gagnez 150 000 dollars par an, sachant que vos collègues en gagnent 200 000 ? La réponse me semblait évidente : la plupart des gens aimeraient gagner plus d'argent. Cependant, la majorité des personnes ont choisi de gagner moins d'argent, à condition de gagner plus que leurs collègues !

Je pense que cela permet d'avoir un aperçu important sur la nature humaine : nous aimons être mieux que les autres et nous sommes insatisfaits lorsque ce n'est pas le cas. Néanmoins, si nous croyons qu'avoir un million de dollars nous rendrait heureux et que nous atteignons cet objectif, nous ne trouverons pas nécessairement le bonheur une fois que nous l'avons accompli. Il se pourrait que nous pensions désormais qu'il nous faudrait deux millions, cinq millions, voire dix millions de dollars pour être heureux ! Il est rare de trouver le véritable contentement lorsque notre esprit est absorbé par l'accumulation de richesses matérielles.

Imaginons que nous utilisons le temps que nous consacrons à gagner de l'argent à développer la discipline et l'état de contentement dans notre esprit et notre cœur, notre temps sera alors peut-être mieux dépensé. En découvrant la plénitude du contentement, nous serons heureux en tout temps, ayant trouvé la véritable source d'abondance. Qui plus est,

nous serons plus susceptibles d'être en bonne santé, car un esprit contenté procure de l'apaisement, et comme le montrent de nombreuses études
scientifiques, un esprit apaisé est essentiel pour un physique sain. Un esprit sain et exempt de stress peut, par exemple, provoquer une réduction
de la pression artérielle et de la fréquence cardiaque, une amélioration
de la fonction immunitaire et occasionner des bénéfices dans un large
éventail de conditions médicales[21], notamment les maladies cardiaques,
le diabète et le cancer. Le contentement n'est donc pas seulement bon
pour l'esprit, mais aussi pour le corps.

LE QUOI, ET LE POURQUOI DE LA COMPASSION

Tout le monde connaît le mot « compassion » et s'accorde à dire que
c'est une bonne chose. Alors pourquoi nous donnons-nous tant de mal
à l'atteindre ? Alors qu'on entend les gens parler de la « compassion »
quasiment tous les jours, notre société nous encourage à nous centrer
principalement sur nous-mêmes, et quand bien même nous entendons
parler d'empathie et de compassion, nous ne sommes généralement pas
entraînés à développer ces qualités ou les compétences nécessaires pour
les entretenir. Quand même, nous entendons parfois parler des avantages de la pratique de la compassion, nous en comprenons rarement sa
véritable signification et nous apprécions rarement les avantages temporaires et durables qu'elle peut engendrer.

De nombreuses personnes pensent que la compassion ne s'applique
qu'aux situations où des gens souffrent, et qu'elle implique de se sentir
attristé et malheureux pour ceux qui souffrent. Éprouver de l'affliction
pour une personne qui souffre est important et c'est un premier pas
louable, mais c'est bien loin de la compassion sincère où nous sommes
prêts à agir immédiatement, portés par ce sentiment. Il ne s'agit pas de
souffrir à la place des autres, mais plutôt d'avoir l'esprit prêt à éliminer
la souffrance d'autrui, quelle que soit la difficulté de cette tâche. Nous
pouvons ensuite agir sur cet état de motivation pour aider ceux qui sou-

ffrent physiquement, ou peut-être pour encourager certains à penser de manière plus avertie dans le cas de souffrances mentales. À supposer que nous ayons cette intention pure ou cette qualité dans notre esprit, nous serons bénis par une sensation de paix intérieure et de résilience, en étant moins préoccupés par nos propres problèmes.

La plupart des êtres humains, qu'ils soient religieux ou non, s'accordent à dire que la compassion est une vertu très importante, mais en y regardant de plus près, on constate qu'il existe différents degrés de compassion.

Le premier degré est celui où nous sommes émus en voyant des personnes proches de nous souffrir. Par exemple, supposons que l'un de nos amis soit incapable de marcher à la suite d'un accident de voiture, ou que nous connaissions quelqu'un atteint d'un cancer avancé, cela nous donne alors la motivation de faire de notre mieux pour réconforter une personne dans cette situation.

Le deuxième degré consiste à être ému par la souffrance de tous les êtres humains, quels que soient leur religion ou leur parcours. À supposer que nous entendions parler d'un tremblement de terre aux informations, sans même connaître les victimes, nous pouvons avoir l'élan à faire tout ce qui est en notre pouvoir pour les aider. Au cas où nous entendrions parler des conséquences du réchauffement climatique, nous pouvons cultiver de la compassion envers toutes les personnes qui seront touchées.

Le degré suivant consiste à développer de la compassion pour tous les êtres, d'une manière impartiale. Nous prenons conscience que tous les êtres, y compris nos ennemis et ceux qui agissent mal, désirent être heureux et éviter la souffrance, tout comme nous, et nous éprouvons donc à leur égard de la compassion, comme nous en avons pour ceux qui nous sont proches, ayant compris qu'ils ne sont pas affranchis de leurs faiblesses. Non seulement les êtres humains, mais également tous les animaux — car ils ont la capacité d'éprouver le plaisir et la douleur — deviennent l'objet de notre compassion. Ainsi, en voyant une araignée ou un moustique, nous ne les tuons pas simplement parce que nous les trouvons irritants. Au contraire, nous sommes profondément conscients de leur droit à la vie.

Le quatrième degré de compassion est fondé sur la sagesse pénétrante qui nous fait prendre conscience des causes profondes de la souffrance, et non plus seulement des souffrances concrètes que nous voyons autour de nous. Bien que tous les êtres vivants souhaitent être heureux, nous réalisons que, par leur ignorance et leurs actions maladroites, ils créent sans cesse les causes de leurs souffrances. Pourquoi sinon un alcoolique s'enivre et agit de façon irresponsable, ou un voleur, ou encore un meurtrier agit-il comme il le fait ? Alors que nous pourrions dire qu'ils sont « dépendants », il reste néanmoins qu'ils recherchent toujours une certaine forme de satisfaction ou de contentement, mais en faisant cela ils créent leur souffrance et contribuent à celle des autres, par la faute de leurs actions malhabiles. Comme ils ne peuvent pas le voir, la cause première de leur souffrance est l'ignorance.

Les personnes riches et célèbres ne sont pas non plus à l'abri des souffrances. Ils souffrent lorsque les conditions favorables à leur fortune s'étiolent. D'autant plus qu'ils sont constamment préoccupés : soit, ils sont mécontents de leur apparence, soit jaloux d'une nouvelle célébrité populaire. Ils s'inquiètent également pour leurs proches, comme leurs parents âgés ou leurs enfants. Par conséquent, quelle que soit la situation d'une personne, bonne ou mauvaise, elle n'est jamais exempte de souffrance. En y réfléchissant attentivement, nous constatons que pratiquement tout le monde est continuellement plongé dans une forme ou une autre de souffrance, ou bien crée les causes d'une souffrance future. Grâce à cet entendement, notre compassion devient d'autant plus profonde.

Enfin, le degré le plus haut de compassion est basé sur l'entendement du détachement de tout intérêt personnel[22], ce qui signifie que nous voyons que tout est interdépendant et dénué de substance propre, et que rien n'existe réellement par soi-même. Ceci est un concept vaste et d'une grande profondeur, qui constitue l'essence de la philosophie bouddhiste.

Pour vous donner une idée de cet entendement, imaginez que nous pouvons lire l'esprit d'une personne en train de rêver, et nous la voyons souffrir terriblement dans des conditions infernales. Nous savons que ce n'est là qu'un rêve et que la personne ne fait que le créer dans son esprit, mais elle l'ignore et nous souhaitons plus que tout la tirer de ce mauvais rêve, parce que nous pouvons d'emblée voir son incroyable potentiel d'atteindre le bonheur, si seulement elle réalisait que ce rêve n'est pas réel. Ayant compris cela, une compassion d'une extraordinaire intensité surgira de manière spontanée.

D'un autre point de vue, comprendre le détachement de tout intérêt personnel signifie réaliser qu'en substance ni « moi » ni « l'autre » n'existe. Alors que la séparation entre nous et les autres s'efface, notre propre bonheur ne l'emporte plus sur celui des autres. La compassion pour tous les êtres vivants se manifeste alors naturellement. Ce n'est pas facile à appréhender pour tout le monde, mais de temps en temps, nous pouvons l'entrevoir par le biais de l'expérience directe.

En quoi une compréhension plus approfondie de la compassion est-elle utile dans notre vie quotidienne ? Supposons que nous ayons tout à coup un différend avec quelqu'un. Nous pouvons penser que cette personne est de mauvaise foi, qu'elle a tort et que nous avons raison, et à ce moment, nous pouvons éprouver une sensation aiguë de séparation entre « moi » et « l'autre ». Toutefois, en analysant la situation de plus près et en nous mettant à sa place, nous découvrirons qu'il existe de nombreuses causes et conditions que nous n'avons pas prises en compte lorsque nous avons sauté sur la conclusion que notre adversaire a « tort ». Ce faisant, nous découvrirons de nombreux facteurs contribuant aux événements qui ont mené à la dispute. Nous découvrirons peut-être que la personne a passé une mauvaise journée, que nous sommes également en faute ou qu'un énorme malentendu est à l'origine du conflit.

Lorsque nous mesurons l'étendue du réseau de facteurs interdépendants entrant en jeu, nous percevons la réalité avec plus de clarté et nous nous rapprochons de l'entendement véritable du détachement des intérêts personnels. La colère n'a plus sa raison d'être ; au contraire, nous faisons preuve d'une empathie et d'une patience naturelles, en prenant conscience que nous voulons tous deux être heureux et que tout conflit est donc futile.

À supposer que nous comprenions vraiment que chaque être vivant recherche le bonheur et essaie d'éviter la souffrance, tout autant que nous, alors notre compassion sera constante et sans bornes. Néanmoins, cela est difficile à accomplir et, dans la pratique, notre compassion sera dans certains cas limitée. Même si c'est le cas, la pratique de la compassion à tous les niveaux est invariablement bénéfique. Gardez à l'esprit qu'il va falloir probablement de nombreuses années pour développer un sens de la compassion véritablement stable et impartial. Il faut également se souvenir que la compassion ne se résume pas à ressentir de la tristesse lorsque d'autres personnes souffrent, c'est aussi une sensibilité qui nous permet de comprendre les autres. La compassion et la sensibilité procurent donc l'ouverture d'esprit et renforcent les liens avec les autres.

GÉNÉROSITÉ, PATIENCE ET GRATITUDE

Une façon naturelle d'exprimer la compassion est d'être généreux, patient et de faire preuve de gratitude pour tout ce que nous avons. Particulièrement, à l'aube de l'âge adulte, les actions inspirées par ces qualités nous guident avec vigueur dans la direction d'une vie heureuse, épanouie et pleine de sens.

Être généreux ne signifie pas faire don de tous nos biens à autrui. Cela signifie s'exercer à éviter l'avarice ou la paresse et être mentalement prêt et disposé à aider les autres en faisant don de biens matériels, de temps et d'autres formes de soutien lorsque cela est nécessaire. Être généreux, c'est aussi faire preuve de patience, être capable de pardonner et aisément lâcher prise des émotions telles que la colère ou le ressentiment.

La patience signifie que lorsque quelqu'un est en colère contre nous ou nous traite de manière injustifiable, nous ne réagissons pas négativement, mais plutôt avec calme, bon sens et compassion. La patience implique également la persistance dans la poursuite de nos objectifs, même lorsque nous sommes confrontés à des difficultés. La patience ne revient pas à attendre passivement que les événements se produisent, sans chercher de solution alternative, ni à accepter les circonstances défavorables sans essayer de changer notre situation. Ce serait de la complaisance.

Les athlètes s'entraînent physiquement avec beaucoup de patience, et ils sont généralement beaucoup plus heureux que ceux qui sont indolents. Les avantages et le mérite de l'entraînement de notre esprit à la patience et à la générosité seront bien plus importants que ceux obtenus par les athlètes. Il est particulièrement profitable de pratiquer la patience et la générosité dans nos paroles et nos actions au quotidien. Nous pouvons alors développer une sensation intuitive que ces qualités sont toujours présentes en nous. Après un certain temps, vivre de cette manière devient une source de joie inépuisable. N'oubliez pas que, même si nous semblons faire preuve de patience ou de générosité à l'égard de quelqu'un d'autre, il est difficile de prévoir dans quelle mesure une personne pourra bénéficier de nos actions. En revanche, *nous* en bénéficieront dans tous les cas.

La plupart des insatisfactions et des tourments que nous rencontrons dans nos vies proviennent d'un manque d'appréciation des choses précieuses que nous avons déjà. Par exemple, lorsque nous sommes en bonne santé, nous oublions d'apprécier nos facultés mentales, notre capacité à voir et à entendre, ou nos capacités physiques. Nous oublions d'être reconnaissants pour notre précieuse existence humaine lorsque tout va bien. Ce n'est que lorsque nous apprenons que nous avons un cancer ou une autre maladie grave, que nous réalisons tout à coup la chance que nous avions. Tous ceux qui souffrent en raison d'un traumatisme ou d'une maladie reconnaissent l'inestimable valeur de leur bonne santé d'antan. Dès lors, il est préférable d'apprendre à apprécier sa bonne santé au quotidien et d'en jouir au présent plutôt que d'attendre qu'un futur revers de fortune nous enseigne cette leçon.

En réfléchissant attentivement, nous allons découvrir qu'il y a un grand nombre de choses pour lesquelles nous pouvons être reconnaissants. Pourtant, par-dessus tout, ce sont les personnes dont nous sommes proches et qui nous sont chères qui méritent surtout notre gratitude. Une histoire remontant à l'époque du Bouddha l'illustre bien :

Un jour, le Bouddha rencontra un marchand nommé Sigala[23], qu'il avait vu se prosterner dans les six directions : vers l'est, l'ouest, le sud, le nord, ainsi que vers le bas et vers le haut. Bouddha demanda à Sigala pourquoi il exécutait ce rituel, celui-ci répondit que son père lui avait appris à s'incliner dans les six directions chaque matin, bien qu'il n'en connaisse pas l'intention. Le Bouddha commenta : « Se prosterner est une pratique qui peut apporter le bonheur à la fois dans le présent et dans le futur ». Il suggéra à Sigala de contempler la gratitude envers ses parents lorsqu'il s'inclinait vers l'est et la gratitude envers ses professeurs en s'inclinant au sud. En se prosternant vers l'ouest, il pouvait contempler la gratitude envers sa famille, et en le faisant vers le nord, il pouvait contempler la gratitude envers ses amis. En s'inclinant vers le bas, il pouvait contempler la gratitude envers ses collègues de travail, et enfin, en se prosternant vers le haut, il pouvait contempler la gratitude envers tous les êtres sages et vertueux.

L'IMPÉRATIF D'ENTRAÎNEMENT MENTAL DANS LE DÉVELOPPEMENT DES QUALITÉS INTÉRIEURES

À ce stade, je souhaite réaffirmer l'importance de l'effort assidu dans le développement des qualités intérieures qui mènent au bonheur, plutôt que de s'en remettre à des facteurs extérieurs et indépendants de notre volonté. Tout le monde souhaite connaître le bonheur en toutes circonstances, mais cela dépend dans quelle mesure nous sommes prêts à cultiver les conditions premières du bonheur.

Il n'y a rien de mal à travailler à la réalisation des conditions secondaires du bonheur, telles que l'éducation, la carrière, les relations ou les vacances. Mais le plus important est d'identifier les conditions premières du bonheur, qui trouvent leur origine dans nos qualités mentales, et de les pratiquer avec sincérité. Pourquoi cela ? Tout d'abord, il est extrêmement difficile de faire en sorte que toutes nos circonstances soient parfaites, et même si nous étions en mesure de réunir les circonstances parfaites dès maintenant, nous pourrions rapidement nous sentir insatisfaits de ce que nous avons dans le cas où nous n'aurions pas pris soin de développer nos qualités intérieures.

Sans avoir développé la gratitude, nous risquons de rester sourds à la providence dont nous bénéficions déjà et de ne trouver que peu de bonheur, même dans les circonstances les plus favorables. À défaut de discipline, nous pouvons facilement nous ennuyer et perdre notre application lorsque les circonstances ne sont pas à notre goût. Si nous n'avons pas développé la patience, nous perdons notre calme et notre paix intérieure face à des situations difficiles. Par conséquent, plus nous dépendons des circonstances extérieures pour atteindre le bonheur, plutôt que de ces qualités intérieures, plus nous serons ébranlés par la moindre difficulté. Nous prenons l'habitude de ressasser les situations fâcheuses et nous trouvons difficile d'apprécier et de profiter des situations favorables lorsqu'elles se présentent à nous.

En général, entraîner notre esprit à adopter de nouvelles qualités mentales se déroule en trois étapes. Tout d'abord, nous devons nous familiariser avec les avantages de la nouvelle habitude que nous souhaitons adopter ainsi qu'avec les inconvénients des anciennes attitudes que nous voulons abandonner. Nous devons ensuite procéder scrupuleusement à un rituel de réflexion sur nous-mêmes, en passant de courtes périodes, tout au long de la journée, à nous familiariser avec la nouvelle habitude. Enfin, nous devons intérioriser notre conception de la nouvelle habitude, en la rendant présente en nous à tout moment. Par exemple, si nous souhaitons améliorer notre aptitude à la compassion, nous pouvons réfléchir à la façon dont l'entraînement de notre esprit dans cette direction peut nous aider à développer une force intérieure et le contentement, ainsi qu'à améliorer nos relations avec les autres. Nous devrions alors nous assurer d'examiner et de pratiquer la compassion chaque fois que l'occasion se présente. Grâce à cet exercice quotidien et après une période de plusieurs mois ou années, notre cœur se déploiera jusqu'à ce que la compassion devienne un aspect inaliénable de notre vie.

Il est aisé de croire que nous comprenons quelque chose qui nous semble évident ou qui fait sens pour nous. Notre esprit est cependant semblable à des feuilles mortes emportées par le vent dans toutes les directions. Dès lors, entendre ou lire quelque chose une seule fois ne suffira pas à changer notre façon de penser ou d'agir. Il est donc essentiel de réfléchir encore et encore à tout enseignement que nous souhaitons appliquer à notre vie, peu importe s'il semble évident au premier abord. Nous devons également garder à l'esprit que le bonheur s'obtient progressivement, étape par étape, et d'expérience en expérience. Il ne survient pas soudainement après un événement unique ou une révélation sans précédent.

Cependant, si nous nous concentrons diligemment sur le développement de nos qualités intérieures, le bonheur peut devenir une condition fondamentale, stable et constante. Nous ne pouvons pas perdre cette condition tant que nous sommes en vie, et personne ne peut nous la retirer.

EXERCICE — RÉFLEXION SUR VOTRE JOURNÉE

Réservez une quinzaine de minutes tous les matins et soirs. Le matin, examinez votre état d'esprit avant de commencer la journée. Étiez-vous reconnaissant d'être en vie ce matin, de vivre dans un pays où les conditions sont si confortables par rapport à certains pays du tiers monde ? Êtes-vous déterminé à utiliser cette journée judicieusement et à pratiquer la compassion dans la mesure de votre possible, tout en restant fidèle à vos valeurs les plus chères ? Dans votre travail et vos relations, êtes-vous prêt à faire preuve de patience dans le cas où les choses ne se dérouleraient pas comme vous le souhaitez ?

Le soir, réfléchissez à la journée qui vient de s'écouler. Pensez aux personnes auxquelles vous avez parlé, aux endroits que vous avez visités, aux bonnes et mauvaises choses qui se sont produites. De quoi pouvez-vous être reconnaissant ? Vous pouvez écrire une liste de cinq à dix événements dans un « journal de gratitude ».

Asseyez-vous le dos bien droit, détendez tous vos muscles et respirez profondément. Essayez de trouver le repos dans la sensation naturelle de contentement et de joie, et réfléchissez à la manière dont vous pouvez faire en sorte que le jour suivant ait vraiment du sens et de la valeur à vos yeux.

L'âge de l'expérience

Les gens en Occident ont souvent une vision plutôt négative de l'âge qui avance et beaucoup voient cette étape de la vie comme l'amorce d'une pente descendante vers une santé déclinante et finalement la mort. Pourtant, à bien des égards, les personnes de cette tranche d'âge sont mieux placées qu'une jeune personne pour atteindre le bonheur. En effet, à cet âge, nous avons acquis une expérience substantielle de la vie et, pour la plupart, réussi à parvenir à une certaine sagesse, ou du moins nous avons eu de nombreuses expériences dans notre vie sur lesquelles nous pouvons nous pencher. Beaucoup de personnes ont essuyé des échecs dans leur vie, notamment sur le plan financier, émotionnel ou physique, et se sont rendu compte qu'elles ne pouvaient s'en remettre aux conditions extérieures dans leur quête du bonheur, mais qu'elles devaient plutôt le trouver en leur for intérieur. Sachant cela, il nous sera beaucoup plus aisé de cultiver les qualités internes nécessaires au bonheur.

Alors que nous atteignons cet âge, que nous soyons célibataires ou en couple, nous sommes encore à la recherche du bonheur et nous efforçons d'éviter la souffrance. J'ai essayé d'identifier les problèmes courants auxquels les personnes de cette tranche d'âge ont affaire et je tenterai de fournir quelques conseils pour chacune de ces difficultés.

La vie de célibataire

À supposer que nous ne soyons pas mariés ni dans une relation à long terme à ce stade de notre vie, cela pourrait être ainsi pour de nombreuses raisons. Nous avons éventuellement essayé de vivre avec un ou plusieurs partenaires et, pour une raison ou une autre, ces relations n'ont pas fonctionné, ou notre partenaire est peut-être décédé. Possiblement n'avons-nous jamais rencontré la bonne personne, ou peut-être n'avons-nous jamais voulu nous engager dans une relation en premier lieu ? Quelle que soit la raison, de nombreux célibataires de cet âge se sentent seuls et pas à leur place dans un monde où le fait de ne pas avoir de partenaire peut être considéré comme un échec.

Toutefois, en considérant cette situation sous un angle complètement différent, être célibataire à cet âge pourrait être vu comme une merveilleuse opportunité. Nous avons beaucoup de vécu et avons peut-être appris par expérience personnelle que la plupart des objectifs auxquels nous consacrons notre vie sont en fin de compte futiles ou dénués de sens. La poursuite d'une certaine ambition pourrait avoir eu énormément de sens pour nous dans le passé, mais nous avons par moments le sentiment que l'objectif que nous nous étions fixé a été « atteint » ou encore, que nous avons appris ce que nous devions apprendre, et qu'en nous accordant un peu d'espace, quelque chose de nouveau et de plus enrichissant pourrait émerger. C'est comme éplucher un oignon, pelure par pelure, afin de révéler progressivement une raison d'être plus profonde.

Dotés de ce genre de sagesse pour nous guider, et en l'absence d'un partenaire, de nombreuses possibilités peuvent s'ouvrir à nous. Nous pourrions nous inscrire à l'université et commencer un nouveau programme d'études. Nous pourrions voyager autour du monde, apprendre une nouvelle langue, écrire un livre ou créer une nouvelle entreprise pour servir la communauté locale. Bien que cela puisse sembler peu conventionnel, nous pourrions même faire le choix d'entrer dans un monastère ou de consacrer notre vie à la réalisation spirituelle, en menant une vie simple nous permettant de développer véritablement la paix intérieure. Nous pourrions faire tout cela et bien d'autres choses admirables si nous n'avons pas de partenaire ou de famille envers qui nous sommes responsables.

LA VIE MONACALE

La vie monacale peut sembler être une idée insolite pour de nombreuses personnes du monde moderne. Après tout, nous pouvons imaginer une existence stérile et ennuyeuse, avec des nonnes et des moines cloîtrés loin du monde, suivant des règles strictes et n'ayant le droit à aucun divertissement. Je voudrais vous parler brièvement de la vie monastique bouddhiste, car elle peut être très différente de ce à quoi beaucoup de gens s'attendent. Je n'essaie certainement pas de promouvoir le bouddhisme comme la « meilleure » religion ou le « meilleur » mode de vie, mais je souhaite simplement partager ma propre expérience dans l'espoir qu'elle puisse vous être utile. J'ai vécu comme moine bouddhiste pendant de nombreuses années et je peux donc vous parler de cette vie avec une certaine confiance.

Le véritable objectif d'un moine bouddhiste n'est pas d'avoir une vie heureuse ou agréable, mais plutôt d'atteindre l'éveil. Cependant, lorsque nous consacrons notre vie à entreprendre d'atteindre l'état d'éveil, elle devient pour nous naturellement heureuse et paisible. Je vois souvent des hommes et des femmes malheureux et solitaires en Occident, et je me dis que cette personne aurait pu avoir la possibilité extraordinaire de mener une vie monastique paisible.

Pourquoi est-ce que je dis cela ? Le fondement de la vie monacale est le renoncement. Lorsque j'ai été ordonné, je n'avais que dix-huit ans. Je n'avais pas connu de chagrin d'amour, de difficultés financières ou de désillusions. Je n'avais connu que des moments agréables auprès de mes amis et ma famille, et j'étais même tombé amoureux, — et je voulais plus de tout cela ! J'aurais donc dû trouver la vie monacale difficile au début ; cependant, j'ai quand même pu développer la qualité du renoncement grâce à la puissance de la pratique bouddhiste. Et quand bien même nous avons déjà eu le cœur brisé et connu d'autres désillusions, nous pouvons tourner cela à notre avantage, en laissant ces expériences nous inspirer le véritable renoncement.

Que signifie consacrer sa vie à atteindre l'illumination ? Fondamentalement, cette idée repose sur un enseignement du Bouddha appelé *Les quatre nobles vérités*. Le Bouddha n'a pas enseigné ces vérités dans le but de convertir les gens au bouddhisme, mais plutôt pour montrer à chaque être vivant le moyen de se libérer de la souffrance. Ces vérités s'appliquent donc à tout le monde :

1. La nature de la vie est la souffrance ou l'insatisfaction.

2. La souffrance n'est pas due au hasard, mais émane d'une cause — nos émotions négatives, nos actions négatives antérieures et notre tendance à nous attacher à une l'idée disproportionnée de « soi » et de « l'autre ».

3. La libération complète de la souffrance, ou l'éveil est possible.

4. La voie vers l'éveil consiste à éliminer les causes de la souffrance en pratiquant la discipline, la concentration et la sagesse (également connue sous le nom de « Noble sentier octuple »). [24]

Ces vérités ne sont pas de simples théories intellectuelles ou des spéculations philosophiques, mais ont été découvertes par l'expérience directe du Bouddha en méditation. De nombreuses autres personnes ayant pratiqué la méditation et la contemplation depuis l'époque du Bouddha ont également fait la même expérience, confirmant ces découvertes de la même manière qu'un scientifique répète une expérience de nombreuses fois afin de vérifier une découverte. En outre, ceux qui s'engagent dans cette voie sont encouragés à ne pas accepter ces idées avec une foi aveugle, mais plutôt à les analyser méticuleusement et à les tester dans leur propre expérience, tout comme nous pouvons tester la pureté de l'or.

Le but de la vie monastique bouddhiste est donc de suivre cette voie qui a fait ses preuves dans un environnement où il y a peu de distractions. Cela permet de mener une vie simple et de se concentrer sur l'éradication des causes profondes de la souffrance : tout comme Bouddha, et ses nombreux disciples l'ont fait auparavant. Loin d'être une quête égocentrique, l'intention d'une telle vie est d'accroître notre force mentale afin d'étendre notre capacité à aider les autres. Ce n'est que lorsque nous aurons compris comment nous pouvons nous-mêmes surmonter la souffrance que nous pourrons véritablement aider les autres à faire de même.

C'est pourquoi nous parlons souvent de « l'éveil pour le bien-être des autres » ; dans cette perspective, nous recherchons bien plus que notre propre salut. Ainsi, nombre des grands maîtres spirituels tibétains de la dernière génération, tels que mon propre maître, Lama Lobsang Trinley ainsi que le vénérable seizième Karmapa[25], ont consacré de longues années à cultiver l'esprit d'éveil. Cela impliquait de se retirer du monde séculier pendant plusieurs années, afin de se dévouer intensivement à la pratique dans l'isolement ; or, une fois qu'ils eurent atteint la véritable réalisation, leur capacité à travailler pour le bien des autres devint extraordinaire. Cela peut également s'appliquer aux êtres exceptionnels d'autres traditions, comme Jésus-Christ.

La vie monacale bouddhiste est probablement assez similaire dans tous les pays. Cependant, comme je n'ai connu la vie monastique qu'au Tibet, c'est la seule expérience que je peux partager. Le premier point à savoir est que, si notre motivation est pure, nous serons les bienvenus dans tous les monastères et nous pourrons y rester aussi longtemps que nous le souhaitons. Le deuxième point est que, dans le cas où nous ne serions pas en mesure de subvenir à nos besoins, il n'y a en général aucune obligation de payer le logement, la nourriture ou d'autres dépenses. Toutefois, je ne préconise pas de rejoindre un monastère pour échapper aux responsabilités du monde mondain — il est crucial que notre motivation soit sincère et, comme les Occidentaux sont la plupart du temps suffisamment aisés d'après les normes tibétaines, il est tout à fait naturel que nous soyons généreux si nous en avons les moyens. Ce serait une erreur de profiter de la générosité d'un monastère et cela ne pourrait avoir que des conséquences négatives.

Je connais beaucoup de personnes qui pensent qu'elles n'ont pas le niveau d'études ou de connaissances approprié pour rejoindre un monastère ; or c'est une fausse assomption. Comme dans tout lieu d'apprentissage, les résidents d'un monastère atteignent des niveaux variables, allant des moines ou des nonnes facilement distraits de leur pratique, à ceux qui ont parachevé un niveau d'excellence. Demeurer dans un monastère bouddhiste ne signifie pas nécessairement que nous devons consacrer tout notre temps à l'étude ou à la pratique du bouddhisme. Bien que nous soyons généralement tenus d'adhérer à une routine quotidienne stricte et de maintenir une conduite exemplaire, nous disposons également de beaucoup de temps que nous sommes libres d'utiliser de la manière la plus conforme à nos propres intérêts et à nos talents. Nous pouvons, par exemple, préférer nous occuper de la maintenance des ordinateurs du monastère plutôt que d'étudier tout le temps.

Néanmoins, quel que soit notre rôle au monastère, il n'y a aucune chance que nous fassions l'expérience de la solitude ou de l'isolement. Dans la langue tibétaine, il existe un mot que l'on peut traduire par « esseulé », bien que la plupart des gens ne comprennent pas vraiment ce que cela signifie parce qu'ils ne sont pas familiers de cette expérience. En toute honnêteté, je ne comprenais pas moi-même ce que signifient la solitude ou la dépression avant de venir en Occident.

En supposant que nous envisageons d'embrasser la vie monacale, nous devons nous familiariser avec les différentes traditions monastiques qui existent dans le monde aujourd'hui et nous demander quel style de vie conviendrait le mieux à notre développement spirituel. Si, par exemple, nous avons été élevés en tant que chrétiens et que nous avons une foi profonde dans cette tradition, il se peut que rejoindre un ordre chrétien nous convienne mieux. Dans le cas où nous souhaiterions nous concentrer plus intensément sur la pratique de la méditation, la tradition de la forêt du bouddhisme theravada thaïlandais ou la tradition zen peuvent être de bonnes options à explorer. D'autres traditions, quant à elles, mettent davantage l'accent sur l'étude de textes ou les projets communautaires. Il se peut que nous soyons attirés par l'idée de rejoindre une communauté monastique dans un pays étranger, mais que l'apprentissage d'une nouvelle langue constitue un obstacle important. Cela dit, l'apprentissage se fait naturellement une fois que nous sommes immergés dans une nouvelle langue, et au bout de quelques années, la communication est rarement un problème.

Malheureusement, la culture occidentale n'est souvent pas consciente de la valeur du développement spirituel et des avantages qu'il y a à l'encourager, de sorte qu'il peut être difficile de trouver une voie authentique bénéficiant d'un soutien financier. Une autre option consiste donc à rejoindre un groupe ou une communauté séculiers. De nos jours, un certain nombre d'organisations offrent leur soutien aux personnes qui souhaitent suivre cette voie. Au lieu de revêtir les robes et de souscrire aux préceptes de moine ou de nonne ordonnés, ces personnes mènent une « vie extérieure » en tout point semblable à celle des autres, adhérant à la discipline du travail et se consacrant à la vie familiale, cependant leur vie intérieure est différente ; elles ont fait le choix de simplifier leur vie afin de faire de la place à la pratique de la méditation, à l'étude des enseignements spirituels et à la détermination d'incarner ces enseignements dans tous les aspects de leur vie. Elles peuvent également décider de réserver du temps pour des périodes régulières de retraite.

Nous devons toutefois nous rappeler que la recherche d'une « voie authentique » ne doit pas être prise à la légère. De nombreux « maîtres spirituels » promettent de grands accomplissements; or, après une analyse attentive, nous constatons que leurs enseignements manquent d'authenticité, qu'ils sont marqués par des controverses ou qu'ils dénotent un caractère sectaire. Trouver un chemin approprié et efficace est une tâche exigeant beaucoup de perspicacité et de discernement[26], ainsi qu'une réflexion approfondie sur nos motivations et une honnêteté sans ménagement. Nous devons également être conscients de notre tendance à nous attacher à des concepts spirituels ou à certaines attentes, ce qui peut nous détourner de la persévération dans notre vie spirituelle ou dans notre recherche d'une voie authentique.

Rien ne garantit que nous ne rencontrerons pas de difficultés et de malentendus, même après nous être engagés dans une voie en particulier. Il se peut, par exemple, que nous rencontrions des personnes qui nous donnent des conseils peu utiles ou déconcertants, ou que nous soyons découragés lorsque ceux qui nous entourent ne mettent pas en pratique ce qu'ils prêchent. Dans ce cas, il est essentiel de nous assurer de la sincérité de notre motivation et de continuer à faire confiance à notre bon sens et à notre jugement plutôt qu'à la foi aveugle. À supposer qu'une voie ne nous convient pas ou ne nous profite pas, nous devons avoir le courage de la quitter, avec tact et grâce. Nous devons éviter d'être trop critiques ou de chercher à prendre revanche, car nous risquons de nous faire du tort à nous-mêmes. En sachant notre motivation pure et sincère, et que nous avons fait l'effort d'étudier des enseignements authentiques, ce n'est qu'une question de temps avant que nous rencontrions un maître authentique.

La vie d'une personne laïque

De nombreuses personnes pensent ou aspirent à renoncer au monde et à rejoindre un monastère, mais elles ont souvent le sentiment d'avoir des responsabilités qu'elles ne peuvent tout simplement pas abandonner, par exemple envers des parents âgés ou leurs enfants. Néanmoins, si le désir de renoncement chez une personne est fort et pur, elle pourrait tout de même être en mesure de se défaire de ses biens, de quitter sa carrière et sa famille pour se consacrer pleinement à la vie spirituelle. Ce fut souvent le cas des moines bouddhistes les plus exceptionnels ainsi que de Bouddha lui-même, qui a sacrifié sa vie luxueuse, sa position d'héritier du trône, sa femme et son fils en bas âge pour atteindre l'éveil. Dès lors, si l'appel pour la vie monastique est suffisamment fort, mon conseil est de le suivre !

Cependant, cela ne signifie pas que nous devons consacrer notre vie entière à l'accomplissement spirituel pour être heureux. En supposant que nous ne pouvons pas adhérer à cette idée, nous avons alors le choix de trouver un nouveau partenaire ou de rester célibataires. Comme mentionné précédemment, la vie de célibataire offre de nombreux avantages, avec de nombreuses possibilités d'étudier, de voyager, de rencontrer des gens et d'explorer de nouveaux intérêts. Beaucoup de portes sont ouvertes à nous et nous ne devrions certainement pas nous sentir seuls. En nous impliquant dans des groupes ou des organisations locaux, nous aurons le sentiment de faire partie d'une communauté et y trouverons de la compagnie et des amis. Pour autant, si nous arrivons à trouver le contentement dans une vie simple et paisible, nous n'avons pas nécessairement besoin d'objectifs ou d'activités pour nous occuper. Bien que nous puissions être seuls, nous ne serons jamais esseulés une fois le véritable contentement trouvé en nous-mêmes.

Que faire si nous avons toujours voulu nous marier, mais que nous n'avons jamais réussi à trouver la bonne personne ? D'un point de vue répandu en Orient, arrivés à cet âge, nous avons peut-être « raté le coche », mais de nos jours, les gens se marient à tous les stades de leur vie et l'âge n'a plus vraiment d'importance. En ayant une conception de la vie plus mature, et pourvue des nombreuses expériences vécues, nous sommes à même de prendre des décisions plus avisées en matière de relations. Toutefois, il existe aussi des inconvénients. Un homme plus âgé qui épouse une jeune femme, par exemple, pourrait se sentir complexé et jaloux en présence d'hommes plus jeunes. Le point essentiel à retenir ici est que l'on se marie jeune ou vieux, ou même que l'on se marie tout court, on ne peut jamais affirmer quelle est la meilleure destinée et quelle voie nous rapprochera le plus du bonheur. Les conditions apportant le bonheur sont cultivées de l'intérieur et ne devraient pas dépendre du fait que nous ayons ou non un partenaire.

COMMENCER UNE NOUVELLE RELATION

En décidant de trouver un partenaire à cet âge, nous aurons beaucoup à apporter à la relation grâce à une riche expérience de la vie. Il se peut que nous ayons eu une ou plusieurs relations auparavant qui se sont terminées, et il peut y avoir de nombreuses raisons à cela. Quelles que soient les conditions ou les circonstances qui ont conduit à la fin de ces relations (hormis la mort), la cause fondamentale en est presque toujours le manque d'amour inconditionnel et de compassion. L'amour et la compassion sincère ne diminuent pas avec le temps, mais ont toutes les chances de s'approfondir au fil des années. D'autres formes d'amour, en revanche, se fondent davantage sur l'attirance et les émotions passagères, lesquelles déclinent inévitablement avec le temps, car elles manquent de sagesse et de compassion.

Nous devrions réfléchir à nos relations précédentes et nous demander sur quelles bases elles ont été construites. Étaient-elles fondées sur la sollicitude, l'ouverture d'esprit, la compassion et le respect, ou sur des besoins égocentriques et une attirance aveugle ? Nous pouvons alors utiliser cette sagesse pour poser des bases solides d'une nouvelle relation. Nous devons impérativement nous assurer que nous sommes capables de générosité, de patience, de prévenance et de compassion, ou du moins reconnaître l'importance de ces traits. Ces qualités intérieures sont d'excellents préliminaires pour une nouvelle relation heureuse. Dans le cas contraire, nous risquons de retomber dans nos vieilles habitudes et de répéter les erreurs du passé.

ENTRETENIR UNE RELATION

Bien que cet ouvrage ne soit pas un livre religieux, je voudrais mentionner un texte bouddhiste particulier, connu sous le nom de Sigalovada Sutta[27], qui offre une sagesse simple et pratique sur la façon dont un mari et une femme doivent se traiter mutuellement. Dans les grandes lignes, le texte conseille au mari d'être courtois, fidèle et respectueux envers sa femme et de répondre à ses besoins, tandis que la femme doit être fidèle à son mari et protéger ses biens.

Ce texte remonte bien sûr à des temps anciens et suppose le mari comme principal pourvoyeur de revenus. De nos jours, la situation est un peu plus compliquée, car souvent le mari et la femme ont tous deux un emploi. Bien que la question de savoir qui doit assumer la majorité des tâches ménagères et qui doit être la principale source de revenus soit ouverte à la négociation, les points essentiels, à savoir le respect mutuel, la fidélité et la prise en considération des besoins de l'autre, restent d'actualité.

Je pense également qu'il est important pour les femmes et les hommes d'explorer les différences fondamentales entre leurs genres. Il est bien connu dans la psychologie occidentale que les hommes et les femmes voient le monde de manière légèrement différente[28]. Par exemple, les hommes sont généralement plus motivés par le sens d'une direction à suivre et d'une raison d'être, tandis que les femmes sont mues par leur désir de partager leur amour et leur énergie avec les autres. Lorsqu'ils sont confrontés à un problème, les hommes sont plus enclins à se retrancher ou à « battre en retraite » jusqu'à ce qu'ils trouvent une solution, alors que les femmes préfèrent parler des problèmes, même si cela ne les résout pas nécessairement. Ma propre expérience m'a également appris que la plupart des femmes sont plus aptes à gérer plusieurs tâches à la fois. En prenant conscience de ce type de différences, le couple peut identifier les forces et les limites de chaque partenaire et répartir les tâches ménagères en conséquence.

Quelle que soit notre conception des différences générales entre les hommes et les femmes, nous devons toutefois comprendre la personnalité et la nature spécifiques de notre partenaire, ce qui nécessite une communication ouverte et efficiente. Il est extrêmement facile de mal interpréter le comportement de son conjoint et, pour éviter de tomber dans ce piège, il est important de pouvoir discuter ouvertement, avec une intention pure, des raisons pour lesquelles votre partenaire agit d'une certaine façon. Tout conflit sera plus facile à résoudre tant nous sommes solidement ancrés dans de la bienveillance envers notre partenaire et surtout, en voyant tous les deux une occasion d'apprendre et de grandir ensemble dans le conflit.

Cela nous ramène de nouveau à l'importance de l'amour pur ou inconditionnel dans tout mariage ou relation. Avoir un amour pur pour quelqu'un, c'est de vouloir le bonheur de l'autre avant le nôtre. Beaucoup de personnes disent aimer leur partenaire de tout leur cœur, puis sont dévastées lorsque l'autre décide de mettre fin à leur relation. Elles pourraient alors dire qu'elles détestent leur ex-partenaire, rongées par la jalousie ou le ressentiment. Ceci est un exemple d'amour possessif plutôt que d'amour pur. En revanche, en éprouvant un amour pur nous devrions être heureux pour la personne qui nous quitte pour quelqu'un d'autre, si cela la rend plus heureuse. Chaque fois que j'aborde ce point en public, des gens sont choqués et sont réticents à être d'accord avec moi. Pourtant, l'amour pur pour un autre être humain signifie que nous voulons sincèrement ce qu'il y a de mieux pour lui, indépendamment de l'effet que cela aura sur nous. Nous pourrions penser que ce genre d'attitude va à l'encontre de nos intérêts et ne nous profitera pas, mais aimer quelqu'un avec une motivation vraiment pure rendra certainement notre relation plus forte et, en cultivant cette qualité, notre esprit s'ouvrira au vrai bonheur.

RENDRE VOS ENFANTS MEILLEURS QUE VOUS-MÊME

Tout le monde aime ses enfants (à de rares exceptions près), mais les parents manquent souvent de savoir-faire pour les éduquer efficacement. Malheureusement, certains parents négligent les besoins physiques et émotionnels fondamentaux de leurs enfants. De l'autre côté, certains parents se plient à tous les désirs de leurs enfants. J'ai souvent entendu des gens me dire à quel point ils aiment leurs enfants, au point de ne pas pouvoir leur dire non et de leur donner tout ce qu'ils veulent !

Bien que ces parents essaient d'être attentionnés, en réalité, ils font du tort à leurs enfants. L'enfant à qui tout est offert, grandit souvent en s'attendant à ce que la vie soit facile, et que tous ses désirs soient immédiatement satisfaits. Lorsqu'il confronté aux réalités de la vie, en particulier lorsqu'il est confronté à la déception et à l'échec, il a du mal à faire face, car il n'a pas appris à persévérer ou à être patient. Les parents ne doivent pas s'en étonner outre mesure ; après tout, on ne peut pas faire pousser une plante dans une serre, la placer dehors par une tempête en hiver et s'étonner ensuite qu'elle ne survive pas. Il est donc essentiel de fixer des limites fermes et d'apprendre aux enfants à surmonter les épreuves, tout en leur témoignant un amour et une compassion sincères.

Le fait de fixer des limites cohérentes, par exemple en refusant qu'ils regardent la télévision ou qu'ils dorment chez des amis, ainsi qu'en les faisant participer aux tâches ménagères, apprend non seulement à nos enfants que la vie n'est pas toujours facile, mais leur donne aussi une structure ou un rythme de vie qui les aide à se sentir en sécurité. Lorsque nos enfants n'ont pas à continuellement faire face aux changements et à l'incertitude, ils sont en mesure de développer une bonne conduite éthique, non pas parce qu'ils y sont forcés, mais parce qu'ils apprennent à voir les avantages d'avoir une bonne routine disciplinée. Cela devient également la fondation pour la créativité, la confiance en soi et la prévenance en présence des autres.

Une discipline ferme et des limites claires sont également cruciales si nous voulons que nos enfants suivent la « voie du milieu » — ils ne doivent pas échapper aux conséquences de leurs actes, mais pas non plus être contraints de répondre à des attentes trop élevées. De plus, lorsque nous préparons nos enfants pour l'avenir, nous devrions éviter de parler de l'argent que nous avons mis de côté pour eux ou de la maison que nous allons leur acheter. Certes, cette aide matérielle est utile, mais il est bien plus important d'investir dans le développement mental et émotionnel de nos enfants.

Nous devons donc nous rappeler les conditions fondamentales du bonheur et les enseigner à nos enfants, en particulier l'estime de soi, la compassion, la maîtrise de soi et la force de caractère. En leur enseignant la sagesse et la compassion par le biais de récits, de conversations et par l'exemple de nos propres actions, nous les préparerons de la meilleure façon possible au bonheur et au succès futurs.

Il est important d'enseigner ces qualités à toutes les étapes de l'enfance[29], en se rappelant que la meilleure façon de le faire est d'en donner l'exemple. Au cours des quatre premières années de leur vie, les enfants sont extrêmement sensibles à l'environnement émotionnel dans lequel ils grandissent, et le plus important est donc de leur témoigner un amour dévoué et inconditionnel. Nous devons essayer de leur faire sentir qu'ils sont vraiment spéciaux, ce qui leur conférera un profond sentiment d'estime de soi. Au cours des années passées à l'école primaire, nous devons remarquer et encourager la créativité de nos enfants, leur application au travail et leur obligeance, en amenant toutes ces qualités à s'épanouir. Plus tard, à l'adolescence, nous pouvons les aider à se sentir être des membres respectables et engagés de l'humanité, qui savent que leur vie aura toujours un sens, quoi qu'il arrive. Il n'est jamais facile d'élever un adolescent, car nous sommes partagés entre le désir de faire ce qu'il y a de mieux pour lui et d'apprendre à lui faire confiance afin qu'il trouve sa propre voie. Apprendre à les aimer inconditionnellement, quels que soient les choix qu'ils font, peut certainement être un défi de taille.

Enfin, l'une des leçons les plus cruciales à enseigner à nos enfants est celle des conséquences néfastes de la consommation de drogues, de tabac et d'alcool. Certains parents croient qu'ils n'ont pas le droit de dire à leurs enfants de ne pas le faire, parce qu'ils ont eux-mêmes fumé ou expérimenté des drogues dans leur jeunesse. Ce n'est pas le cas — en vous appuyant sur votre expérience, vous serez en mesure d'enseigner plus efficacement à vos enfants dans l'effort de les rendre meilleurs que vous-même. Rappelez-vous toutefois que si vous avez des difficultés à gérer le comportement de votre enfant, vous n'êtes jamais seul et qu'il est toujours possible de trouver de l'aide.

LES PARENTS ET L'OCCASION DE LEUR TÉMOIGNER DE LA GRATITUDE

À ce stade de notre vie, il est fort probable que la santé de nos parents décline ou qu'ils ne soient peut-être plus en vie. S'ils sont en mauvaise santé, cela risque de requérir beaucoup de notre temps et de nos ressources. Nous pouvons être appelés à les accompagner à des consultations médicales, à les aider aux tâches qu'ils ne sont plus en état d'accomplir, ou ils pourraient éventuellement souhaiter emménager avec nous pour que nous puissions mieux nous occuper d'eux.

Au Tibet, on s'attend à ce que les enfants accueillent et prennent soin de leurs parents dans leur maison lorsque ceux-ci sont plus âgés. Bien que la culture soit différente en Occident, il est toujours important de traiter nos parents de la meilleure façon possible. À de rares exceptions près, ils ont été extrêmement bienveillants envers nous et il est tout à fait naturel que nous souhaitions leur rendre la pareille. N'oubliez pas non plus que nos enfants apprendront comment traiter les parents en suivant notre exemple : si nous donnons le bon exemple en nous occupant de nos parents avec bienveillance et compassion, nos enfants seront plus enclins à faire de même pour nous.

Lorsque les parents vieillissent et ont besoin de notre aide, cela peut provoquer une angoisse considérable parmi ceux d'entre nous qui n'ont pas eu une bonne relation avec eux. Nous avons le sentiment que nos parents ne se sont jamais vraiment occupés de nous, ou peut-être qu'ils étaient alcooliques ou toxicomanes. Ils ne nous ont peut-être pas accordé suffisamment d'attention ou n'ont pas réussi à nous donner une bonne éducation ou apporter un soutien financier. Qu'ils aient ou non commis des erreurs dans notre éducation, il est naturel que les parents souhaitent que leurs enfants aient une vie heureuse. Nous pouvons le comprendre lorsque nous réfléchissons à nos sentiments envers nos propres enfants.

Depuis que je me suis installé en Occident, j'ai rencontré beaucoup de personnes qui ne sont pas satisfaites de leur vie et qui en tiennent leurs parents pour responsables. Ils attribuent leur échec à s'accomplir dans leur vie au fait que leurs parents ne se soient pas occupés d'eux. Cette idée trouverait sa source dans certains courants de psychologie selon lesquels les traits de personnalité négatifs sont fortement influencés par l'environnement familial et sont très difficiles à changer. D'un point de vue bouddhiste, ce n'est pas tout à fait vrai. Toutes les retombées de la vie ne sont pas le fruit de nos expériences d'enfance. Au contraire, nous portons en nous les graines de notre destinée. Même si nous nous sentons « en proie » à certaines habitudes remontant à certains événements de notre enfance, nous pouvons apprendre à accepter notre situation et à pardonner à ceux que nous incriminons.

Supposons un instant que nos parents soient responsables des échecs de notre vie. Quand bien même cela est le cas, il n'y aurait aucun avantage à éprouver de la colère, de la haine ou de l'amertume à leur égard, car ces émotions négatives ne feraient que nous nuire. Une fois conscients que s'attacher à la colère ne sert absolument à rien, nous pouvons apprendre à accepter avec compassion notre parcours et à avancer dans la direction de nos objectifs et de nos rêves. Au lieu de nourrir la colère, rappelez-vous que la gratitude est l'une des conditions essentielles du bonheur. Nous ressentirons naturellement de la gratitude une fois notre colère surmontée, car la vérité est que les parents aiment leurs enfants et s'en soucient beaucoup, en dépit de leurs imperfections. En étant reconnaissants envers nos parents de nous avoir élevés, nous cultivons en nous le bonheur et la liberté intérieure.

LES EMPLOIS INSATISFAISANTS ET LES PIÈGES DU MATÉRIALISME

Beaucoup de personnes à qui j'ai parlé semblent malheureuses à cause de leur travail. Elles me confient être constamment sous pression, et stressées ; de ne pas aimer leurs collègues de travail ou de leur désir de pouvoir arrêter de travailler. Bien qu'il n'y ait pas de réponse toute faite, je crois qu'il peut être utile d'examiner attentivement ce qui nous motive à nous investir dans notre domaine professionnel particulier. Sommes-nous motivés par le désir d'aider les gens, ou de faire quelque chose qui nous plaît vraiment, ou qui a du sens pour nous ? Ou cherchons-nous simplement à saisir les opportunités et à gagner beaucoup d'argent ou à parvenir à un statut élevé ? Le travail est-il simplement une corvée et non pas une passion, rien de plus qu'un moyen de payer les factures, de nourrir notre famille ou de pourvoir à d'autres intérêts ?

À supposer que nous considérons notre travail comme une « vocation » ou une façon de partager nos talents uniques avec le monde, il est probable que nous en tirerions ample satisfaction. Si, au contraire, nous sommes motivés par le désir de construire une plus grande maison ou d'obtenir cette promotion tant convoitée, travailler pourrait devenir une obsession, car nous serions constamment poussés par le désir d'aller de l'avant. Et quand bien même nous aimerions ce que nous faisons, le reste de notre vie risquerait d'en pâtir. Le stress ou le surmenage professionnel en sont souvent la conséquence, car tout ce qui monte doit redescendre. De même, si notre travail n'est guère plus qu'une corvée ou une obligation, nous avons peu de chances d'y trouver une véritable satisfaction.

Cela pourrait alors nous amener à faire un minutieux examen de conscience afin de trouver une aspiration alignée à notre vision intime.

Il faut également savoir que la satisfaction au travail dépend peu du type d'emploi que nous exerçons[30]. Par exemple, travailler comme agent d'entretien pourrait avoir un sens important pour nous, surtout en se souvenant que tout le monde apprécie la propreté et que nous contribuons positivement à la vie des autres. En revanche, nous pourrions être médecins et nous sentir frustrés ou nous ennuyer parce que nos patients ne cessent de se plaindre et que nous ne gagnons pas assez d'argent.

Dans le cas où nous n'aimerions vraiment pas notre travail, nous devons sérieusement reconsidérer les raisons pour lesquelles nous l'exerçons. Si c'est uniquement pour gagner de l'argent afin de pouvoir maintenir un style de vie aisé, il serait de bon sens de nous simplifier la vie et de réduire notre désir de biens matériels, en optant pour un travail nous laissant plus de temps libre. Nous avons tous tendance à croire qu'acquérir plus de biens nous rendra plus heureux, mais nous remarquons rarement que cela est comme tenter d'étancher sa soif avec de l'eau salée. Tout comme nous avons encore plus soif après avoir bu de l'eau salée, nous devenons de plus en plus insatisfaits si nous ne recherchons qu'à l'extérieur de nous-mêmes ce qui peut nous rendre heureux. Un de mes amis ingénieurs m'a dit un jour qu'il n'était pas heureux parce que tous ses amis gagnent plus que lui. Je lui ai répondu que, quel que soit le montant de son salaire, quelqu'un d'autre gagnera toujours plus. Il n'est pas facile de se contenter de son sort dans la vie, et je ne peux que souhaiter que davantage de personnes puissent goûter à la liberté intérieure et à la paix de l'esprit qu'apporte une telle attitude.

L'absence d'une motivation véritable ou pertinente est certainement l'une des raisons pour lesquelles on est malheureux au travail ; or une autre raison pourrait être que nous n'avons pas suffisamment d'ambition ou de concentration. À l'occasion, certaines personnes en Asie sont capables de travailler plus de quatorze heures par jour dans le but de rembourser au plus vite un emprunt bancaire pour une nouvelle maison. Leur motivation n'est pas forcément la meilleure et leur vie n'est probablement pas « équilibrée », pourtant ces gens sont généralement heureux parce qu'ils ont l'esprit formé à des niveaux de concentration et d'engagement élevés. Ils se contentent de s'atteler à la tâche et de faire leur travail, sans s'inquiéter des vacances, des conditions de travail ou d'autres attentes. Ils sont tout simplement trop occupés pour être tristes ou déprimés.

Ce type d'éthique du travail peut sembler déséquilibré d'un point de vue occidental. C'est vrai dans une certaine mesure, mais nous devons nous rappeler que l'ambition, la détermination et la concentration sont des causes indirectes d'un certain niveau de bonheur et qu'elles ont donc une certaine valeur. Toutefois, nous avons besoin d'une vision plus équilibrée pour atteindre des degrés de bonheur plus élevés.

LIBERTÉ, SOUFFRANCE ET IMPERMANENCE

Dans le bouddhisme, nous parlons beaucoup de la libération de la souffrance. Cependant, cette idée est souvent mal comprise, surtout dans le monde moderne. Il existe plusieurs types de liberté. La première est la liberté extérieure, comme la liberté d'expression et la liberté de vivre sans crainte de persécution. Ce type de liberté fait défaut dans de nombreux endroits du monde. Presque tous les pays occidentaux ont la chance d'avoir ce type de liberté, bien qu'il soit rare que nous l'apprécions vraiment.

Le deuxième type de liberté est la liberté individuelle, à laquelle beaucoup de gens attachent une grande importance dans l'Occident post-moderne. Avec ce type de liberté, nous pensons : « J'ai le droit de faire ceci ou de posséder cela ». Nous sommes donc fiers à l'idée de l'entière liberté dans le comportement individuel, ou autonomie.

Bien qu'il soit important de faire nos propres choix sur la façon dont nous vivons et agissons, il ne s'agit pas là de la liberté véritable. Ce genre d'attitude nous amène souvent à nous concentrer principalement sur nos propres intérêts, ce qui a pour conséquence de créer une distance entre nous et les autres, par exemple nos amis ou nos voisins. Il se pourrait même que nous évitions complètement les autres ou que nous ne répondions pas à leurs appels, car nous sommes vivement préoccupés par le « respect de leur liberté ». Par exemple, si un jeune homme choisit de commencer à fumer ou d'agir d'une manière lui causant clairement du tort, nous pouvons simplement penser : « Ce n'est pas grave, il est libre d'agir de cette manière s'il le souhaite ». Mais ce ne serait pas respecter sa liberté véritable, et cette attitude de négligence envers autrui aboutirait finalement à de la solitude. C'est un problème courant dans le monde moderne, auquel nous devons tous réfléchir sérieusement.

Ce qu'éventuellement nous ne réalisons pas, c'est qu'il est très difficile de prendre conscience de la fausse liberté en Occident, car elle découle de siècles d'accoutumance culturelle. Dans les pays asiatiques, par exemple, les gens peuvent avoir des différends entre eux, mais ils sont généralement capables de résoudre les conflits, ce qui peut même par la suite, les rapprocher les uns des autres. Néanmoins, chercher à éviter les conflits sous prétexte de respecter les droits d'autrui à tendance à nous éloigner les uns des autres et nous rendre moins sensibles au bien-être des autres.

La liberté véritable est, en revanche, essentielle au bonheur. Cela ne signifie pas pouvoir faire ce que l'on veut quand on le veut, mais plutôt être capable de rester maître de nos émotions et nos désirs afin de décider comment réagir adéquatement en toute situation et de choisir notre façon de vivre sans y être poussé par un conflit émotionnel. D'un point de vue bouddhiste, cela signifie que nous nous libérons du karma, c'est-à-dire de la force de nos habitudes et de nos actions passées. En étant libres du karma, quelle que soit la situation que nous rencontrons, nous ne serons pas contrôlés par nos émotions et nos habitudes. C'est alors que nous sommes vraiment libres.

Quand bien même nous ne sommes pas bouddhistes, être capable de contrôler nos pensées et nos émotions nous procure une grande liberté.

Comme je l'ai mentionné précédemment, ce ne sont pas les événements extérieurs qui déterminent notre bonheur, mais plutôt la façon dont nous réagissons. Par conséquent, comme nos pensées et nos émotions jouent un rôle déterminant pour notre degré de bonheur, en avoir une maîtrise, si tant minime qu'elle soit, est d'une précieuse aide.

Plus nous prenons de l'âge, plus nous avons d'expériences dans la vie, qu'elles soient bonnes ou mauvaises. Cette étape de la vie atteinte, il est probable que nous ayons été témoins de la souffrance sous une forme ou une autre, en raison de la mort d'un être cher par exemple, ou de la fin d'une relation. Nous saurons donc que, en dépit des meilleurs soins de santé, de la meilleure assurance médicale et de tous les efforts du monde, nous ne pouvons arrêter la mort, la maladie, le vieillissement ou bien d'autres désagréments, qui apportent inévitablement de la souffrance. L'essence de la vie est son impermanence — elle change constamment, dans le bon comme dans le mauvais sens.

En nous attachant à nos émotions et aux personnes qui nous entourent, nous créons un monde fondé sur notre propre souffrance et sur celle de nos proches. C'est ce que Bouddha a compris il y a bien longtemps. Certains plongent dans le désarroi en réalisant cela et se demandent : « À quoi bon ? Puisque la vie est faite de souffrance, je pourrais tout aussi bien abandonner dès maintenant ».

Heureusement, Bouddha nous a montré qu'il y a un moyen de se libérer du cycle de la souffrance : ce moyen, c'est de lâcher prise sur notre attachement. Cela s'applique aussi bien aux circonstances et aux émotions négatives, comme la colère ou la haine, qu'aux circonstances et aux émotions plaisantes qui nous procurent du plaisir, comme l'amour romantique. Nous devons réaliser qu'elles sont fluctuantes et que, même si nous pouvons toujours profiter des émotions agréables, si nous nous y attachons avec trop d'emprise, nous en souffrirons lorsque les circonstances changent. Au lieu de cela, nous devrions chercher à atteindre la liberté que procure un esprit paisible, heureux et compatissant, qui n'est pas tiraillé dans un sens ou dans l'autre par les caprices des émotions et des désirs.

EXERCICE : APPRENDRE DES EXPÉRIENCES DE LA VIE

Nous avons à présent acquis une grande expérience de la vie, dont nous pouvons tirer de nombreuses leçons de grande valeur en réfléchissant attentivement à ce que nous en avons appris. Cela peut même nous amener à réévaluer certaines de nos priorités.

Pensez d'abord à une personne avec laquelle vous avez eu une relation dans le passé. Il ne s'agit pas nécessairement d'un partenaire de vie, cela peut être un ami, un parent, ou un collègue. Quelle était votre motivation dans cette relation ? Cette relation s'est-elle déroulée comme vous l'aviez envisagé ? Dans quelle mesure avez-vous réussi à surmonter les difficultés ? Votre communication était-elle ouverte ? S'il y a eu une période de grande difficulté, vous pouvez éventuellement écrire ce dont vous vous souvenez — cela peut vous aider à accepter le passé et à aller de l'avant.

Pensez ensuite à un emploi que vous avez occupé dans le passé et posez-vous des questions similaires. Quelle était votre motivation à faire ce type de travail ? Qu'avez-vous appris de vos expériences ?

Observez maintenant votre situation actuelle. Demandez-vous : « Comment puis-je appliquer les leçons que j'ai apprises ? Comment puis-je vivre ma vie de la manière la plus avisée possible ? ».

Asseyez-vous avec la colonne vertébrale bien droite, posez les mains sur les genoux. Contractez les muscles de votre corps, puis laissez-les se détendre. Demandez-vous honnêtement s'il y a quelque chose que vous voulez changer à ce stade de votre vie, puis réfléchissez à la manière dont vous pouvez y parvenir.

L'âge de la sagesse

Cette période; la cinquième étape de la vie est marquée par d'importantes différences dans les conditions des gens ayant atteint cet âge. Or, qu'elle soit agréable à vivre ou pas, cela dépendra de la façon dont nous envisageons la vie et de l'étendue ou de la limitation de nos perceptions. C'est une étape où nous en venons à bout de nombreuses obligations de la vie et à terme des problèmes auxquels nous avons été confrontés tout au long de son cours. Pour certains, les conditions extérieures leur permettent de prendre un nouveau départ. Ils peuvent enfin prendre leur retraite, voyager ou passer plus de temps avec leurs proches. Pour d'autres, cette étape pourrait être marquée par la perte — celle d'un conjoint, d'un rôle dans la société une fois à la retraite, ou d'une bonne santé. Quelle que soit notre situation, nous entrons à cet âge dans une phase où il est important de réfléchir sur soi et de trouver un sens à la vie. Ce faisant, nous pouvons apprendre à voir que toute perte peut en fait être une occasion de croissance et de contemplation spirituelles.

Il est dans la nature humaine d'accorder une grande valeur à l'accomplissement, à la compétition et à l'acquisition de biens, et nous nous sommes probablement efforcés d'accomplir un grand nombre de choses au cours de notre vie. Nous avons sans doute travaillé dur pour gagner de l'argent, pour acheter une maison ou d'autres biens, pour élever nos enfants, pour réussir une carrière et pour recevoir l'approbation des autres. Même à cet âge, beaucoup de gens continuent de s'efforcer d'obtenir ces choses-là. Réfléchissons attentivement à la vie que nous nous sommes bâtie. Ces choses pour lesquelles nous avons travaillé tant ont-elles vraiment du sens ? Notre vie a-t-elle un sens à nos yeux ? Nous sentons-nous en sécurité dans notre for intérieur ? Pensez à cela dans le contexte de l'âge qui avance. Bien que nous ayons travaillé dur et accompli de nombreuses choses, notre corps pendant ce temps a lentement et inévitablement décliné. À cet âge, nous aurons réalisé que nous ne pouvons plus nier l'inexorabilité de la mort — quoi que nous fassions, nous ne pouvons y échapper. Cela fait-il encore sens de continuer notre vie de la même manière ? Ou est-il temps d'opérer à quelques changements et d'établir de nouvelles priorités ?

Je crois que la plupart des gens se rendent compte que beaucoup des choses dont ils ont rempli leur vie n'ont plus le même sens maintenant qu'ils vieillissent. Il ne s'agit toutefois pas d'une réflexion déprimante, et nous ne devrions certainement pas passer de longues heures à regretter la façon dont nous avons dépensé notre temps et notre énergie. Au contraire, nous pouvons utiliser cette prise de conscience comme une opportunité de couper notre attachement à bon nombre de choses que nous ne trouvons plus importantes, et de développer le trésor du contentement intérieur. Cela peut alors nous ouvrir les portes d'un tout nouveau monde et nous donner l'occasion de prêter davantage attention à notre conscience.

Il n'est certainement pas trop tard pour développer notre conscience, et nous n'avons pas besoin de devenir moines ou nonnes ni de passer des heures en méditation chaque jour pour y parvenir. À cette étape de notre vie, comme à toute autre étape, le plus important est de réfléchir à nos attitudes et à nos actions dans notre vie quotidienne. Nous découvrirons qu'il existe un certain nombre de choses simples que nous pouvons mettre en œuvre pour développer nos qualités intérieures et accroître notre propre bonheur, indépendamment de la qualité de notre vie.

PERTE ET IMPERMANENCE

Comme nous l'avons mentionné précédemment, bien des personnes considèrent cet âge comme le début du déclin, caractérisé par la perte des choses qu'elles considèrent comme importantes. Il est facile d'entretenir l'illusion que nous pouvons contrôler le monde qui nous entoure, imaginant que nous pouvons compter sur de bons soins médicaux et les diverses assurances dans le cas où les choses tourneraient mal, mais ce n'est tout simplement pas vrai. Bien que nous nous approchions de la mort depuis notre naissance, nous n'y faisons face que lorsque nous sommes confrontés à notre propre mortalité, ce qui peut parfois occasionner un choc. Nous réalisons également que le moment de la mort n'est pas une certitude, et que nous soyons un adolescent ou un nonagénaire, nous ne pouvons jamais être sûrs de vivre une année de plus.

La souffrance mentale peut résulter de tout type de perte ; que cela soit la perte d'un être cher, d'un emploi, d'un certain statut ou de la santé. Toutes ces pertes peuvent nous causer une grande souffrance si nous manquons de les voir de manière réaliste, nous permettant d'avoir le choix. Nous pouvons soit souffrir de manière irraisonnée lorsque nos conditions changent et que nos proches décèdent, soit apprendre à accepter l'impermanence et le fait que la vieillesse, la maladie et la mort font partie intégrante de la vie[31] et ne sont nullement une conspiration contre nous. Nous pouvons alors prendre conscience que s'attacher à quoi que ce soit ne peut que conduire à la souffrance en fin de compte. En reconnaissant l'impermanence, nous pouvons développer une toute nouvelle vision de la vie et nous préparer à la perte, ce qui nous permettra de maintenir un état d'esprit heureux et paisible, quelles que soient nos conditions extérieures.

Décès d'un conjoint

Pour la plupart des personnes, la mort d'un époux ou d'une épouse est l'événement le plus dévastateur survenant dans leur vie. Bien que je n'aie jamais été marié, je pense pouvoir comprendre l'impact d'un deuil de cette ampleur. Dans ma jeunesse, j'ai perdu mon père et mon frère et, dans la culture tibétaine, les liens entre un père et un fils ou entre deux frères sont presque aussi forts que les liens entre un mari et une femme. Je voudrais donc vous parler brièvement de la manière dont nous pouvons faire face à une telle perte.

À la mort d'un être cher, nous devons essayer de regarder au-delà de notre perspective limitée. Bien que la mort d'un proche et la souffrance qu'elle engendre soient un événement sans commune mesure, la mortalité de tous les êtres est une partie inévitable du dessein plus large de nos vies. Advenant qu'aujourd'hui ce soit notre femme qui est morte, demain ce sera peut-être la femme de notre ami ou l'enfant de notre voisin. Bien que nous soyons plongés dans un état de déni et de choc au moment de la mort d'un être cher, en y réfléchissant attentivement, nous comprendrons que tout le monde sera un jour ou l'autre affecté par le décès d'un proche.

En général, nous souffrons énormément parce que nous comparons notre situation à celles d'autres personnes, qui, selon nous, ont beaucoup plus de chance que nous. La seule différence, cependant, est le moment où le malheur nous frappe, rien d'autre. En y réfléchissant attentivement, notre tristesse en sera diminuée, car nous pourrons surmonter l'instinct inné qui nous pousse à comparer notre situation à celle des autres. Une approche encore plus efficace consiste à faire naître en nous la compassion. Lorsque nous réalisons vraiment que nous endurons tous les mêmes tourments, que nous faisons tous l'expérience du chagrin et du deuil à un moment ou à un autre de notre vie, notre propre douleur s'atténue, car nous apprenons à la considérer dans cette perspective beaucoup plus large.

Bien entendu, la mort d'un proche nous affecte davantage que celle d'un étranger, et il est tout simplement naturel que nous éprouvions des sentiments aussi forts pour notre propre famille. Mais, en fin de compte, nous devons nous rappeler que la mort affecte tous les êtres vivants, et si nous prenons vraiment cela à cœur, cela ne devrait pas nous surprendre. Une histoire de la vie du Bouddha illustre ce point précis[32] :

> Il était une fois une jeune femme dont le premier né tomba malade et mourut à l'âge d'un an. Accablée de chagrin, elle supplia tous ceux qu'elle rencontrait de lui trouver un médicament qui ramènerait l'enfant à la vie, mais on lui répondit que la seule personne capable d'accomplir un tel miracle était Bouddha. Lorsqu'elle rencontra enfin Bouddha et lui raconta son histoire, il lui dit de lui rapporter une graine de moutarde d'une maison de son village qui n'a jamais connu de décès. La jeune femme ne tarda pas à réaliser que la tâche que Bouddha lui avait confiée ne pouvait être accomplie. Chaque foyer avait fait l'expérience de la mort, et non seulement une fois, mais à maintes reprises pour certains d'entre eux. Finalement, la jeune femme fit ses adieux à l'enfant décédé pour la dernière fois et retourna auprès du Bouddha sans la graine de moutarde. Elle avait appris sa leçon. Elle n'était pas la seule à souffrir la peine de la mort ; la mort touche tout le monde, c'est une partie naturelle de la vie.

L'idée bouddhiste de la réincarnation peut également être utile pour faire face à la perte et au deuil, car elle nous assure que la mort *absolue* n'existe pas. Je ne veux pas dire par là que nos proches sont toujours avec nous et veillent sur nous, ce qui est une impression que pourraient nous donner certains médiums à la télévision ! Ce concept est limité, car il donne l'impression que nous sommes à tout jamais liés à la même famille ou aux mêmes ancêtres, au lieu de reconnaître le vaste cycle de vie en constante transformation dont nous faisons partie.

En disant qu'il n'y a pas de mort absolue, je fais référence à l'idée que chaque être passe par une série infinie d'existences. Tout comme le continuum physique que nous appelons « univers » se poursuit à travers le temps, il en va de même pour le courant de conscience de tous les êtres. De même qu'une fleur connaît de nombreuses « réincarnations », puisqu'elle meurt et que ses graines donnent naissance à une nouvelle fleur, nous pouvons parler de notre propre continuum mental de manière similaire. Lorsque nous mourons, le corps physique grossier et l'esprit grossier cessent d'exister. Cependant, l'esprit subtil d'une personne, qui contient les empreintes de toutes ses actions, bonnes ou mauvaises, continue d'exister. J'en parlerai plus en détail dans le chapitre suivant.

Ce que tout cela signifie, c'est que le temps que nous avons passé avec notre conjoint n'est que quelques brefs instants dans notre voyage sans fin. Nous avons été comme des étrangers qui se sont rencontrés dans un bar ou un restaurant; nous avons passé un certain temps ensemble et avons appris l'un de l'autre pour ensuite nous séparer, comme il est naturel. La conscience de l'être aimé doit poursuivre sa route vers sa prochaine vie, de la même manière que nous devons poursuivre notre propre vie.

Il m'arrive de rencontrer des personnes qui ont perdu un être cher bien des années auparavant et qui, depuis, ne peuvent s'empêcher de penser à cette personne, de ressasser combien elles l'aimaient et combien elle leur manque. Parfois, elles pensent qu'en s'attachant si fort au souvenir de cette personne, elles l'honorent et lui prouvent ainsi leur amour. Toutefois, ce n'est pas le cas, car, en s'attachant avec tant de force à ce souvenir, elles se font mal à elles-mêmes, ce qui n'est pas utile.

Je ne dis pas que nous devrions oublier nos proches, mais plutôt que nous devrions nous souvenir et apprécier les merveilleux moments que nous avons passés ensemble au lieu de nous attacher à nos souvenirs au point de nous meurtrir. À supposer qu'une belle fleur meurt à l'arrivée de l'hiver, nous acceptons ce fait comme étant naturel. Il serait pour le moins étrange que quelqu'un pleure et souffre parce qu'il ne peut pas accepter ce fait. En réfléchissant attentivement, la mort de toute personne fait naturellement partie de la vie. La vie de chacun se termine un jour ou l'autre, et un jour ce sera notre tour.

Quand j'étais en Nouvelle-Zélande, j'ai rencontré une dame dont l'époux venait de mourir. Cette femme, âgée de quatre-vingt-un ans, avait été mariée à son mari pendant de longues années et l'avait aimé de tout son cœur. Pourtant, après sa mort, elle était encore capable de mener une existence tout à fait heureuse. Elle pouvait parler avec joie et gratitude des moments qu'ils avaient passés ensemble, mais elle avait compris qu'il devait s'en aller vers sa prochaine vie, alors qu'elle devait continuer de vivre celle-ci. Il est intéressant de noter qu'elle a également mentionné que son mari avait traversé une période difficile peu de temps avant sa mort, mais qu'il avait néanmoins réussi à trouver un profond sentiment de paix et de bien-être. Probablement, l'attitude courageuse et imperturbable de sa femme l'a aidé à y parvenir.

UNE SANTÉ DÉCLINANTE

Une autre perte à laquelle la plupart des personnes font face à cette période est celle de la bonne santé. Il est difficile pour certaines personnes de voir leur santé se dégrader, surtout si elles avaient accordé une grande importance à leur jeunesse et à leur vitalité par le passé. Mais le déclin de la santé est une partie inévitable de la vie. Dès notre naissance, notre corps physique perd de sa santé et de sa vitalité ; et du point de vue bouddhiste, nous nous préparons progressivement à ce que notre corps soit, à nouveau remplacé. Pensez à une vieille voiture, une vieille télévision ou tout autre objet matériel ; lorsqu'il tombe en panne, nous essayons d'abord de le réparer. Lorsqu'il tombe en panne au point de ne plus pouvoir être réparé, nous devons en acheter un nouveau. De même, lorsque notre corps est irréparable, nous avons besoin d'un nouveau corps !

Une santé défaillante nous rappelle également de pratiquer la gratitude. Nous pouvons être reconnaissants de vivre dans un pays dévelo-ppé, doté de bonnes infrastructures sanitaires et de personnes formées pour nous soigner. N'oubliez pas que de nombreuses personnes dans le monde meurent de maladies bénignes ou à un jeune âge, tout simple-ment parce qu'il n'y a pas de médecins ou d'hôpitaux pour les aider. Mon propre père, par exemple, est mort à l'âge de quarante-neuf ans d'une occlusion intestinale. Il n'y avait qu'un seul médecin dans notre village, qui a mal diagnostiqué l'état de mon père et lui a seulement prescrit des médicaments, alors que c'est d'une opération dont il avait vraiment be-soin. Je n'ai appris que bien des années plus tard que, grâce à une simple opération, sa vie aurait pu être facilement sauvée. J'en ai été outré, et na-vré pendant plusieurs années, sachant que mon père aurait pu continuer à vivre une vie de pratiquant bouddhiste riche de sens.

Alors, comment ai-je fait face à ces sentiments ? Je n'avais pas le choix, vraiment. Je me suis rendu compte que la colère ou le ressentiment que je ressentais face à la mort de mon père n'avaient aucune importance, car cela ne le ramènerait pas à la vie. Mes émotions négatives ne l'aideraient pas et elles ne feraient que me nuire. En tant que bouddhiste, je croyais aussi que c'était mon karma de perdre mon père à un si jeune âge, de la même façon que c'était le karma de mon père de mourir à ce moment-là — c'est en réalité une autre façon de dire que nous devons accepter les choses que nous ne pouvons pas changer. J'ai également pensé qu'il était important de faire ce que je pouvais pour honorer la mémoire de mon père, et comme il avait toujours souhaité que je devienne moine, c'est ce que j'ai fait. Je ne m'étais jamais intéressé à la vie monastique aupara-vant, et c'est donc son décès qui m'a insufflé l'inspiration nécessaire pour changer l'orientation de ma vie.

PERTE D'UN EMPLOI

La fin de notre vie professionnelle peut résulter de notre propre choix, lorsque nous prenons notre retraite par exemple, ou de la volonté d'autrui, lorsque nous ne sommes plus d'utilité ou que nos compétences ne sont plus d'actualité. La plupart des personnes pensent que la première option serait meilleure, tandis que la seconde serait considérée comme déplaisante. Pourtant, elles reviennent en fait au même et dans un cas comme dans l'autre, elles posent les mêmes problèmes.

Beaucoup de personnes rêvent de prendre leur retraite pendant de longues années, puis, lorsque cela se produit enfin, elles éprouvent un profond sentiment de perte et de peine. Tout à coup, n'ayant rien à faire, ils s'ennuient. Je pense que cela est dû en grande partie au fait que, dans le monde moderne, notre travail est étroitement lié à notre identité et à notre estime de soi et que pour beaucoup de personnes, c'est également un symbole de statut social.

Mais demandez-vous, est-ce vraiment si important ? Réfléchissez-y un moment. Il est possible qu'être le grand patron, qu'amasser beaucoup d'argent, et qu'avoir beaucoup de gens sous nos ordres nous ait fait nous sentir bien dans notre peau. Cela ne signifie pas pour autant que nous soyons une bonne personne, mais plutôt que nous sommes attachés à la sensation agréable du pouvoir et de l'importance de soi ! En nourrissant ces émotions, nous nous enchaînons à elles, ce qui nous conduit par la suite à souffrir lorsque nos conditions changent, comme cela se produit inévitablement. En ne nous attachant pas autant à de telles émotions, il est fort possible que nous ayons beaucoup moins de peine.

Souvent, les gens trouvent qu'ils ont trop de temps libre lorsqu'ils cessent de travailler. Ce que beaucoup de personnes ne réalisent toutefois pas, c'est que ce temps libre peut nous donner une occasion précieuse de nous développer et de découvrir notre nature profonde, à condition que nous nous efforcions de cultiver toutes les bonnes qualités que nous avons mentionnées. Il arrive souvent que certains meurent à un jeune âge, à une période de leur vie où ils étaient occupés à jongler entre plusieurs responsabilités, telles que l'avancement d'une carrière ou l'éducation des enfants. Nous avons désormais la chance d'avoir le temps et les circonstances, sans trop de distractions extérieures, de nous concentrer davantage sur notre vie intérieure. Nous aurons toujours beaucoup à faire tous les jours si nous nous concentrons sur notre conscience et notre développement intérieur[33]. Au début, nous devrons éventuellement consacrer beaucoup de temps et d'efforts à cette tâche, mais elle deviendra bientôt bien plus réjouissante que de regarder la télévision ou de jouer au bingo!

Alors, comment développer ces qualités intérieures ? Il existe des façons d'y parvenir en aidant les autres, par exemple, en enseignant une langue à des réfugiés, en aidant à la distribution de la soupe populaire ou en faisant du bénévolat en tant que conseiller par téléphone. S'impliquer dans ce genre d'activités nous permet de ne plus avoir l'impression d'avoir trop de temps libre et, grâce à l'aide que nous apportons aux autres, nous nous sentirons de plus en plus heureux dans notre vie.

Une vie active et altruiste peut également être renforcée par la pratique régulière de la « formation de l'esprit à la sagesse », ce faisant votre capacité à aider les autres en sera encore plus efficace. Vous pouvez vous adonner à la lecture d'ouvrages sur la psychologie, la religion ou la philosophie, réfléchir à leur sens profond et appliquer les idées que vous apprenez à votre vie, ou discuter de ces idées avec d'autres. De sorte qu'en plus de la joie d'une vie altruiste, vous découvrirez la joie d'avoir un esprit vif et averti. Enfin, comme les scientifiques pensent désormais que même les personnes âgées peuvent générer de nouvelles cellules nerveuses[34], l'entraînement mental, la persévérance dans l'étude régulière ou la contemplation peuvent être des moyens efficaces de ralentir les troubles de la mémoire liés au vieillissement, et qui touchent malheureusement tant de personnes âgées.

À imaginer que nous craignons de ne pas être assez intelligents pour passer des heures à lire des livres dans le but d'accroître notre sagesse, il est bon de savoir qu'il existe une grande différence entre être sage et être intelligent. Une personne dotée de sagesse n'a pas nécessairement eu une bonne éducation ou occupé un poste important ; elle pourrait tout simplement avoir une vision pratique innée de ce qui importe dans la vie et il est probable qu'elle soit naturellement une personne bienveillante.

Il existe au Tibet de nombreux récits à propos de personnes menant une vie extrêmement simple et n'ayant aucune éducation formelle, pourtant connues pour leur sollicitude et leur sagesse.

Comment pouvons-nous ressembler à ces personnes ? La clé est de continuellement penser et souhaiter que tous les êtres soient heureux et libres de souffrance, de la même manière qu'une bonne mère ne veut que le meilleur pour son enfant. En ayant de tout temps le cœur ouvert, en pensant à chacun comme à notre enfant chéri, alors que nous marchons, parlons, dormons, mangeons ou sommes occupés à toute autre activité, nous oublierons au fur et à mesure notre intérêt personnel et nous en serons naturellement plus heureux et plus sages. Et quand bien même nous sommes trop fatigués ou trop malades pour aider réellement les autres, le plus important est de former notre esprit à penser de manière prévenante et bienveillante. Je ne doute pas que nous deviendrons alors progressivement des personnes plus aimables, plus sages et plus heureuses.

FINANCES

À cet âge, la plupart des gens se sont naturellement détournés de l'idée de gagner de l'argent. C'est une bonne nouvelle pour notre bonheur ! Je tiens cependant à faire mention de l'argent, car la façon dont nous l'utilisons ainsi que tous nos biens à cet âge est encore importante et, malheureusement, il existe encore de nombreux pièges dans lesquels nous pouvons tomber. L'un de ces pièges est l'avarice. Certaines personnes ne veulent dépenser de l'argent que pour elles-mêmes, tandis que d'autres sont avares à tel point qu'elles ne dépensent même pas d'argent pour elles-mêmes. Quelle absurdité de ne jamais rien dépenser après une vie de dur labeur !

En supposant que nous avons économisé une somme d'argent raisonnable, comment devons-nous la dépenser ? À ce stade, nous aurons probablement appris par expérience que l'argent ne peut pas acheter le bonheur, mais qu'il peut certainement être très utile, à condition que nous l'utilisions à bon escient. Disons que nous avons 5 000 dollars à dépenser. Nous pouvons choisir de partir en vacances sur une île tropicale ou faire don de cet argent à une famille pauvre et peut-être sauver la vie d'une personne qui doit être opérée. Nous dépensons souvent de l'argent pour des vacances coûteuses ou une nouvelle voiture parce que nous avons envie de changement, parce que nous nous sentons insatisfaits ou lassés par notre situation actuelle. Cela peut sembler très attrayant sur le moment, mais ne conduira pas à un bonheur durable. En revanche, aider un autre être vivant en faisant preuve de générosité nous procure un sentiment immédiat de bien-être et plante dans notre esprit la graine du bonheur futur.

Cela ne signifie pas pour autant que nous devons faire don de tout notre argent, ne nous laissant presque rien et nous endettant par la suite pour acheter des cadeaux à d'autres personnes. Un de mes amis m'a appris qu'un grand nombre de personnes en Australie dépensent d'importantes sommes d'argent pour offrir des cadeaux à leur famille et à leurs amis à Noël, parfois bien plus que ce qu'ils peuvent réellement se permettre. Leur motivation pourrait être bonne, mais ce genre de bonté est souvent peu pragmatique et manque de sagesse, surtout dans le cas où ces personnes aient déjà du mal à joindre les deux bouts. L'endettement peut restreindre considérablement notre liberté, cependant cette forme de souffrance peut généralement être évitée en faisant preuve de sagesse dans nos dépenses.

Alors qu'il est important d'être généreux et d'aider les autres, il est également crucial d'être honnête sur notre situation et d'essayer de voir clairement ce que nous pouvons nous permettre. Nous devons nous demander comment utiliser notre richesse de la meilleure des façons, en tenant compte de toutes les circonstances. C'est ce que j'entends par sagesse. N'oubliez pas non plus qu'être généreux ne signifie pas seulement offrir des cadeaux concrets. Le don de notre temps, de notre amour et de notre attention, comme lorsque nous aidons à la cuisine ou au nettoyage le jour de Noël, est tout aussi important et tout aussi apprécié par ceux qui nous entourent.

SOLITUDE ET INTOLÉRANCE

Beaucoup de personnes s'inquiètent ou ont peur de se sentir de plus en plus seules en vieillissant. Il existe plusieurs moyens très concrets d'éviter la solitude. À supposer que nous en soyons capables, nous pouvons nous impliquer auprès des personnes de notre communauté qui ont besoin d'aide. Nous pourrions commencer à enseigner la langue du pays aux migrants, à faire du bénévolat dans une école, ou trouver comment utiliser nos compétences et notre expertise pour aider des organisations, comme la Croix-Rouge ou, pourquoi pas, notre église ou notre temple local.

À supposer que nous ne soyons pas en bonne forme physique, mais que notre esprit est vif, alors l'étude et la pratique spirituelle peuvent être une façon très enrichissante de passer notre temps. Comme en témoignent les ermites ayant passé de longues années en retraites, il est possible de se sentir incroyablement proche des autres en méditant sur la compassion et de développer par ailleurs une bonne concentration intérieure. Quand bien même nous sommes seuls, cela ne signifie pas que nous devons nous sentir esseulés.

S'impliquer dans la communauté locale ou des groupes religieux est un bon moyen de rencontrer de nouvelles personnes et de devenir amis avec certaines d'entre elles. D'autres, cependant, pourraient nous irriter. Je mentionne ceci afin d'aborder la question de l'intolérance, qui est, à mon avis, une raison importante dans le sentiment de solitude répandu parmi les Occidentaux. Dans la culture occidentale, la plupart des personnes semblent attacher une grande importance à leur « espace personnel » et à leur « liberté personnelle », ne souhaitant s'associer qu'à des personnes ayant des idées similaires et des personnalités compatibles ; cependant, cela crée inévitablement des barrières.

Le premier point que je souhaite partager est qu'aucune tradition ou aucun type de personnalité n'est meilleure qu'une autre. Ce ne sont que des habitudes mentales que nous avons, et nous devons apprendre à faire preuve de tolérance envers tout le monde, que les gens nous plaisent d'emblée ou qu'ils nous irritent. Il est fréquent de rencontrer quelqu'un et d'éprouver une forte aversion initiale à l'égard de cette personne, puis, avec le temps, de finir par bien l'aimer et l'apprécier. Cela ne signifie pas que la personne a changé dans sa nature intrinsèque, mais plutôt que notre esprit en a transformé la perception.

L'intolérance peut également devenir un problème lorsque nous créons des barrières physiques ou émotionnelles autour de nous. Je veux dire par là que nous pouvons, sans nous en rendre compte, créer des barrières en nous attachant à l'idée qu'un certain espace ou un certain temps nous est réservé. Nous pouvons penser, par exemple, que quelqu'un qui ouvre notre porte ou qui nous rend visite sans prévenir fait une intrusion dans notre espace personnel. C'est tellement différent au Tibet ! Lorsque je vivais dans des monastères au Tibet, peu importe que je sois en train d'étudier, de m'habiller ou parfois même de me laver, les autres moines s'installaient souvent dans ma chambre et passaient en revue mes affaires. Je ne me sentais ni ennuyé ni irrité, car cela faisait partie de la culture. Cependant, après avoir vécu en Occident pendant quelques années, lorsque quelqu'un me rend visite à l'improviste ou ouvre ma porte, je ne trouve plus que ce soit tout à fait normal.

Malheureusement, notre idée d'espace personnel crée souvent une distance entre les gens et, si nous sommes distants, nous risquons davantage de nous sentir seuls. D'un certain point de vue, en vivant dans un environnement complètement ouvert, sans limites personnelles, nous serions plus prompts à nous fâcher les uns avec les autres. À l'opposé, abandonner l'attitude consistant à avoir « besoin » d'un espace personnel peut nous conduire à des relations soudées et à la tolérance des uns envers les autres. Je dois avouer que je ne savais pas vraiment ce qu'était la solitude avant de venir en Occident — je pensais que la solitude était synonyme d'ennui ! Maintenant que je suis conscient de l'ampleur du problème, je pense qu'il est particulièrement important d'aider les gens à voir les inconvénients à être trop attachés à leur espace personnel.

À présent, je voudrais utiliser un exemple personnel pour illustrer un point en rapport avec la tolérance. Dans l'un des monastères où j'ai vécu, il y avait un moine au caractère irascible, qui se mettait rapidement en colère dès que les autres moines l'interrompaient ou le taquinaient. Les autres moines faisaient alors exprès de l'énerver encore plus, car il était si facile de l'agacer. Cela peut sembler cruel, mais avec le temps, son tempérament et sa maîtrise de soi se sont beaucoup améliorés, car il a compris que sa colère ne servait à rien et qu'il était plus heureux lorsqu'il faisait preuve de tolérance envers les autres.

La tolérance ne s'applique pas seulement aux autres personnes. Nous n'avons que très peu de contrôle sur ce qui se passe dans notre vie, et nous serons donc inévitablement confrontés à de nombreux événements extérieurs que nous préférerions ne pas devoir affronter. Dans le cas où nous serions intolérants, il nous sera difficile d'atteindre la paix, car ces événements pourraient déboucher à la colère et au désarroi, rongeant ainsi notre bonté

Au lieu de cela, il nous est possible d'utiliser chaque situation qui nous frustre et chaque personne que nous trouvons irritante comme une occasion de pratiquer la tolérance. Nous pouvons le faire tous les jours, jusqu'à ce que cela devienne une habitude. Familiarisez-vous d'abord avec les avantages d'agir de cette manière et les inconvénients de ne pas le faire, puis, comme un rituel, soyez attentif à pratiquer la tolérance en toute circonstance. Vous serez récompensé par des relations plus chaleureuses et un état d'esprit aussi paisible qu'un ciel bleu dégagé.

GRATITUDE

La gratitude est une autre qualité mentale positive que nous pouvons pratiquer chaque jour sans exception. Il y a une très bonne raison de le faire, car ressentir de la reconnaissance envers les autres nous rend plus heureux nous-mêmes. Il ne s'agit pas seulement d'une croyance bouddhiste : des études psychologiques ont également montré que la gratitude était un facteur contribuant au bonheur humain[35].

Il arrive que lorsque j'en parle, des gens me répondent qu'ils sont trop malheureux pour ressentir de la gratitude. Ils me disent qu'ils se sentent seuls, qu'ils ont peu d'argent ou qu'ils n'ont pas une bonne relation avec leurs enfants, et qu'ils n'ont donc pas de quoi être reconnaissants. Ceci n'est jamais vrai, car il y a toujours quelque chose dont on peut être reconnaissant, à condition qu'on soit capable d'en prendre conscience. Par exemple, lorsque je suis arrivé en Australie, c'était la première fois que j'avais le téléphone à la maison. Quelle merveilleuse invention ! J'étais tout à coup capable de parler avec des gens à l'autre bout du monde à partir du confort de ma propre maison. J'en étais profondément reconnaissant à la personne qui l'avait inventé ! Aujourd'hui, je ressens la même chose pour la commodité de l'Internet, celle des vols en avion et même pour le ruban adhésif lorsque j'ai besoin de coller quelque chose sur mon mur. Sans parler du grand nombre de personnes contribuant à mettre de la nourriture sur ma table chaque jour et de celles qui m'offrent leur amitié.

Certains n'accepteront sans doute pas ce raisonnement et se diront : « Je paye pour la plupart de ces choses, alors pourquoi est-ce que je devrais me sentir reconnaissant ? » Or, il a fallu que quelqu'un conçoive et assemble l'avion, le téléphone et le ruban adhésif pour que je puisse les utiliser. Imaginons que je sois l'homme le plus riche du monde, mais que personne n'ait inventé le téléphone, je ne serais pas en mesure de parler à des gens vivant sur un autre continent ! Par ailleurs, nous devrions nous rappeler qu'il y a beaucoup de raisons d'être reconnaissants et qu'aucune somme d'argent ne peut acheter, telles l'attention de la famille et des amis ou la beauté naturelle du monde qui nous entoure.

En ressentant de la gratitude pour les choses de notre vie quotidienne, nous sommes en mesure de cultiver le bonheur en nous. Cela nous rend mentalement plus forts et nous permet de mieux affronter de nombreux problèmes de la vie, y compris le vieillissement, le deuil et finalement la mort. Il est important de se rappeler, toutefois, que la gratitude est à deux facettes. Il est merveilleux de pouvoir se sentir reconnaissant pour tout ce que nous avons et pour tous ceux qui nous entourent ; cependant, nous devons nous garder de nous y attacher. Si cela venait à se produire, nous essaierions de retenir ces choses ou ces personnes, et nous souffrirons inévitablement lorsqu'elles nous seront retirées. Il est difficile de comprendre exactement comment nous pouvons apprécier les choses sans y être attachés, mais il s'agit d'une aptitude essentielle si tant est que nous voulions vivre une vie heureuse et pleine de sens.

Souvenez-vous que tout en ce monde a de bons et de mauvais côtés, y compris le téléphone, l'avion et le ruban adhésif. Nos factures de téléphone peuvent être élevées, notre vol peut être retardé et nous pouvons peiner à trouver le bout du ruban adhésif ! Toutefois, si nous ne sommes pas reconnaissants pour ce que nous avons, nous entraînons notre esprit à s'attarder sur les points négatifs et nous sommes voués à finir insatisfaits. Nous ne serons jamais vraiment heureux, car il est impossible d'avoir tout ce que nous souhaitons tout le temps. Par essence, bien que le monde soit rempli de beaucoup de souffrances, il y a également beaucoup de merveilles. Cultiver la gratitude ne signifie pas se forcer à voir le monde à travers des lunettes roses, mais plutôt apprendre à apprécier ces nombreuses merveilles pour ce qu'elles sont.

EXERCICE — RÉFLEXION SUR L'IMPERMANENCE

Souvenez-vous d'une perte et d'un changement que vous avez vécu à un certain moment de votre vie et contemplez les idées suivantes :

- *Ce qui est né vieillira et mourra.*
- *Ce qui a été rassemblé sera dispersé.*
- *Ce qui a été accumulé s'épuisera.*
- *Ce qui a été construit s'effondrera.*

De la même manière, l'amitié et l'inimitié, la fortune et l'affliction, toutes les pensées traversant notre esprit — tout est en perpétuel changement.

Rappelez-vous que l'impermanence est simplement la vérité de l'essence de la vie, et par conséquent, la seule chose sur laquelle nous ayons vraiment emprise est le moment présent.

Comment cet entendement pourrait-il vous aider à faire face à la perte d'un être cher?

Comment cela pourrait-il changer votre point de vue sur les différentes sortes de pertes auxquelles nous sommes confrontés — la perte d'êtres bien-aimés, la perte d'un emploi, ou de tout autre chose qui nous est chère?

Il est également bon de se rappeler que les changements ne sont pas nécessairement synonymes de malheur — ils peuvent dans certains cas vous être très bénéfiques, bien que cela ne soit pas évident de le discerner au départ.

En réfléchissant à tous ces questionnements, asseyez-vous le dos bien droit, sentez votre corps se détendre et prenez quelques profondes et calmes respirations. Quelles leçons la vérité de l'impermanence recèle-t-elle pour vous?

Préparer le départ de cette vie

La sixième étape de la vie est, de toutes les possibilités de réalisation, la dernière et la plus cruciale. Je parlerai plus en détail de spiritualité dans ce chapitre, car, à cet âge, la pratique spirituelle est plus importante que jamais pour la plupart des gens. Notre passé n'a pas d'importance. Il ne sert à rien d'avoir des regrets sur la façon dont nous avons vécu notre vie jusqu'à présent — nous devons nous rappeler que nous avons encore la possibilité et la capacité de travailler sur notre état d'esprit et d'atteindre le bonheur. Plus important encore à ce stade de la vie, tout le monde, sans exception, a la possibilité de se préparer à une mort paisible et d'utiliser ce moment décisif comme une occasion de se réaliser.

Comme j'ai été formé dans la tradition bouddhiste, je parlerai principalement d'un point de vue bouddhiste. Dans la culture occidentale, toutefois, il existe deux autres points de vue majeurs qui, à bien des égards, sont tout aussi valables : le point de vue théiste, porté principalement par des traditions chrétienne, juive et islamique, et le point de vue laïc, reposant sur la science et qui adopte généralement une perspective athéiste ou agnostique.

Du point de vue théiste, nous pouvons nous préparer à la mort en cultivant les qualités d'amour et de compassion, afin de nous « rapprocher de Dieu ». Nous sommes également encouragés à confesser en toute bonne foi l'ensemble de nos actions négatives, sachant qu'il n'est jamais trop tard pour demander pardon et trouver la paix véritable, à condition que nous soyons sincères. Nous sommes alors capables d'accepter les épreuves et les souffrances comme une « volonté de Dieu », ce qui nous permet de trouver un état de paix intérieure, de calme et de confiance. Il est également admis qu'une bonne personne irait au paradis comme conséquence de ses bonnes actions et de sa foi.

Du point de vue laïc, la plupart des personnes n'ont pas d'attentes particulières concernant la vie après la mort. Cette attitude peut s'avérer très utile, car elle nous empêche de nous attacher à des idées et à des concepts pouvant s'avérer préjudiciables ce qui conduit à éprouver moins de peur et à plus de calme intérieur. Quelles que soient nos croyances, nous aurons découvert par l'expérience de la vie que la prévenance, la compassion et un bon cœur sont des qualités essentielles nourrissant notre vie dans tous ses aspects. Les attitudes négatives, en revanche, ne font que causer du tort à nous-mêmes et aux autres. Il est alors logique de se concentrer sur ces qualités positives lorsque nous nous approchons de la mort, et de faire de notre mieux pour nous débarrasser de toute négativité. Pour ceux fermement convaincus que nous n'existons plus après notre mort, cette attitude peut aussi, d'une certaine manière, être salutaire, car elle nous aide à réaliser à quel point cette vie est précieuse et nous incite à en faire bon usage.

Je vais à présent vous parler de certains concepts d'un point de vue bouddhiste et qui, à mon avis, pourraient profiter à tous, indépendamment de leur affiliation religieuse ou culturelle. Mon souhait est que vous voyiez comment ces principes se rapportent à votre propre système de croyances, afin de les appliquer à votre propre vie.

Karma

Le passé est garant de l'avenir.
— Proverbe traditionnel —

~

C'est avec nos pensées que nous bâtissons le monde.
— Bouddha —

∽

Ce que vous avez semé, vous le récolterez.
— Jésus-Christ —

∽

La plupart des gens, qu'ils soient bouddhistes ou non, connaissent déjà le concept de karma. Cependant, pour être certain de bien le comprendre, je voudrais utiliser quelques analogies.

Imaginons que nous ayons un récipient rempli d'eau claire et que nous y ajoutons de la boue ou une teinture. L'eau deviendra trouble. De la même manière, notre esprit est comme cette eau claire, et toutes nos actions ou pensées laissent une empreinte dans notre continuum mental. Nous devons comprendre que toutes nos pensées, paroles ou actes ont leur source dans l'esprit, car nos actions commencent par lui et se terminent par lui. L'esprit serait donc comme un roi, alors que le corps et la parole sont ses serviteurs ; exécutants tout ce que l'esprit leur enjoint. Ainsi, absolument tout ce que nous faisons laisse une trace dans l'esprit. D'après les enseignements bouddhistes, l'esprit grossier et la parole dépendent du corps physique et sont donc temporaires et destructibles, alors que l'esprit subtil ne dépend pas de la matière physique et perdure donc après notre mort. C'est pourquoi nous avons l'idée d'une continuité de cycles de vie, les empreintes contenues dans l'esprit perdurant d'une vie à l'autre.

Une autre analogie serait celle d'une banque. Lorsque nous gagnons de l'argent en travaillant, nous le plaçons dans une banque, et plus tard, lorsque nous avons besoin de l'utiliser, il est disponible sur notre compte bancaire. Analogiquement, lorsque nous avons une pensée positive ou que nous accomplissons une action positive, nous en accumulons le mérite pour notre avenir ; en revanche, lorsque nous pensons et agissons de manière négative, nous réduisons ce mérite, et à imaginer que nous en retirons une quantité substantielle, nous devrons pour finir rembourser la dette.

Le karma est un concept fondamental dans le bouddhisme[36]. Toutefois, même en n'ayant pas de croyances spirituelles, il s'applique tout autant à nous. En faisant du tort à quelqu'un ou en manquant d'attention à son égard, nous subirons deux conséquences fâcheuses. Tout d'abord, cette personne ne sera pas aimable envers nous et, deuxièmement, nous éprouverons du regret. Nous pourrions ne pas le remarquer au début, mais au fond de nous, nous porterons toujours une forme de regret dans notre cœur, qui finira par remonter à la surface. À l'opposé, comme le prouvent désormais des études en psychologie, en étant bienveillants envers quelqu'un, nous nous sentons plus heureux et l'autre personne est également plus susceptible d'être bienveillante en retour[37]. La seule différence réelle entre ces constats simples et ce que croient les bouddhistes est l'idée que nous emportons dans notre prochaine vie le karma que nous avons accumulé dans celle-ci.

Comment nos vies futures sont-elles formées par notre karma ? En étant toujours généreux, nous remarquons tout d'abord que les personnes qui nous entourent sont aussi généreuses envers nous en retour. Nous pourrions même remarquer que de nombreuses personnes que nous ne connaissons pas sont également généreuses avec nous, de sorte que le succès financier et d'autres formes de succès viennent facilement à nous. La plupart d'entre nous appelleraient probablement cela un coup de chance, mais les bouddhistes diraient que ces conditions extérieures favorables sont en fait le résultat de nos bonnes actions antérieures, ou karma, dans cette vie ou dans les vies passées. En revanche, si les conditions extérieures actuelles sont mauvaises, c'est à cause du mauvais karma que nous sommes en train d'éliminer dans cette vie. Cette approche repose sur l'idée que tout est interdépendant et que rien n'est donc aléatoire, y compris ce que nous considérons normalement comme chanceux ou malchanceux.

Par conséquent, nous ne devrions pas nous décourager au cas où nos conditions seraient mauvaises ni nous vanter si elles sont avantageuses. Les personnes ayant une « vie facile » usent du bon karma de leur banque karmique, tandis que les personnes qui connaissent des difficultés consomment, ou « purifient » le mauvais karma. Toutes ont cependant la possibilité de créer de bonnes conditions pour elles-mêmes dans leur vie actuelle et future en accomplissant de bonnes actions.

SOUFFRANCE ET PURIFICATION

Pour les bouddhistes, la souffrance est étroitement liée au karma. Bouddha a déclaré que la souffrance est la première vérité dans cette vie et que, si nous devons vivre, nous devons souffrir[38]. Nous constatons cela dans notre vie, car les choses tournent inévitablement mal – nous avons le cœur brisé et nous sommes séparés des personnes et des choses qui nous sont chères. Dès lors, si nous ne pouvons pas éviter les événements extérieurs qui causent des souffrances, que pouvons-nous faire pour les surmonter ? La réponse est que nous devons prendre conscience que les causes profondes de la souffrance se trouvent dans nos émotions et nos actions négatives antérieures. En étant conscients de cette vérité, nous pourrons apprendre à générer des états d'esprit bienfaisants et à observer, accepter et nous défaire des pensées et des émotions qui y surgissent, au lieu de nous y attacher fermement. Grâce à une telle démarche, nous pouvons réduire notre degré actuel de souffrance et progressivement, étape par étape, en venir à bout de toutes les souffrances.

La première chose que nous devons comprendre est que la souffrance est générée par nous-mêmes, par notre propre esprit et par personne d'autre. Les conditions extérieures que nous pensons être source des souffrances sont en fait des conditions secondaires, et elles sont le résultat du karma. Cela ne signifie pas que nous devons nous reprocher l'état de nos conditions extérieures — ce genre de reproches n'est ni important ni utile. Nous devons plutôt comprendre les raisons de nos conditions extérieures, puis y remédier.

Alors, en admettant que les souffrances du présent et du futur soient une conséquence du karma négatif, que pouvons-nous y faire ? Sommes-nous condamnés à vivre les conséquences de nos actions passées ou pouvons-nous changer cette situation ?

Heureusement, il est possible de purifier notre karma passé, à condition d'être parfaitement sincère à cet égard. Cela peut prévenir de futures souffrances et également atténuer les souffrances dont nous ferons l'expérience lors de notre départ de cette vie. Afin de nettoyer un objet sali, il nous faut de l'eau et du savon. Toutefois, pour éliminer les traces du karma négatif, nous devons réunir quatre conditions :

1. Le regret

Il nous faut concéder sincèrement les conflits ou différends qui nous ont troublés au cours de notre vie et regretter les fautes que nous avons pu commettre. Cela inclut les événements dans cette vie dont vous n'avez plus souvenir et éventuellement des faits des vies antérieures. Or, la capacité à se souvenir de tous les événements n'est pas aussi importante que la force et l'authenticité du sentiment que vous générez. Vous devez penser : « Me voici, je suis ainsi. Je n'ai rien à cacher, je m'accepte tel que je suis et je reconnais en toute honnêteté tous mes défauts ». Gardez à l'esprit qu'il ne faut pas confondre le regret avec la culpabilité ou la honte disproportionnée, car l'objectif est d'admettre ouvertement vos tendances négatives sans se fustiger. Vous vous donnez la permission d'accepter toutes les facettes de votre personnalité d'être humain pour ensuite vous délester de tout ce qui vous pèse en fardeau.

2. L'application de l'antidote

Cela signifie que vous devez vous efforcer d'accomplir de bonnes actions et de cultiver des états d'esprit salutaires, car cela fait partie du processus de purification. Faites preuve de compassion envers les autres et demandez pardon de la manière qui vous semble la plus pertinente, demandant ou en priant de recevoir l'aide nécessaire à éliminer votre karma négatif. La plupart des personnes trouvent efficace de l'envisager en termes d'abandon à une « puissance supérieure », qu'il s'agisse de Dieu, de Bouddha ou du potentiel d'indulgence commun à l'humanité. En envisageant les choses sous cet angle, vous pourrez sans doute pardonner à ceux envers qui vous gardez de la rancune et parler ouvertement à ceux avec qui vous avez pris de la distance, ou s'il y a lieu, résoudre des conflits de longue date. Le résultat le plus important de cette pratique est avant tout la transformation de votre propre état d'esprit.

3. La résolution

Cela signifie que vous devez être sincèrement déterminé à ne pas répéter les actions ou habitudes à l'origine du karma négatif que vous générez ou qui vous font vivre dans un état de conflit émotionnel. On ne saurait trop insister sur l'importance de ce point. Votre détermination doit être telle que même au cas où votre vie serait en jeu, vous refuseriez de commettre à nouveau cette action ou de penser de cette manière. On dit qu'une résolution ferme et sincère serait assez puissante pour purifier le karma négatif de plusieurs vies. Cela ne dépend pas du temps que vous passez à y penser, mais plutôt de la sincérité et de la force de votre engagement.

4. L'intensité

Enfin, vous devez faire preuve d'un degré élevé de concentration, en réfléchissant profondément à toutes les actions négatives que vous avez commises et en reconnaissant honnêtement toutes les choses que vous voulez changer. Vous pouvez prier avec ferveur pour que toutes ces actions soient pardonnées. Il existe un grand nombre de prières formelles dans le bouddhisme, et également de nombreuses prières dans le christianisme et d'autres religions, mais si vous ne connaissez pas de prières formelles, vous pouvez simplement laisser parler votre cœur. Ce que vous dites n'a pas vraiment d'importance, tant que c'est spontané et sincère. Cela peut alors être prodigieux.

La souffrance ressentie au moment de la mort peut être incommensurable. Toutefois, la souffrance mentale d'une personne est souvent bien plus grande que sa souffrance physique. En apprenant à purifier le karma négatif, l'expérience de la souffrance mentale sera considérablement réduite. De même, la souffrance physique, bien que nous l'éprouvions, ne nous pèsera pas tant qu'elle l'aurait fait auparavant. Nous pouvons éventuellement ressentir de la souffrance, mais nous ne sommes plus submergés par elle.

La psychologie occidentale a identifié les différentes étapes par lesquelles nous passons après avoir appris que nous sommes atteints d'une maladie incurable ou, tout compte fait, après avoir été confrontés à n'importe quelle mauvaise nouvelle inattendue[39]. Ces étapes comprennent : le déni de l'existence d'un quelconque problème, la colère ou la frustration que les choses ne se déroulent pas comme nous le souhaitons, puis la dépression et la perte de confiance en soi lorsque nous voyons que nous sommes emmêlés dans une situation sur laquelle nous n'avons aucun contrôle. Enfin, bien que tout le monde n'atteigne pas ce stade, nous parvenons à un état d'acceptation paisible et sincère, apprenant à lâcher prise des peines que nous avons vécues et à voir la vie avec un sens renouvelé de profondeur et de sagesse. En comprenant la vérité de la souffrance et en travaillant avec application à purifier notre karma, nous pouvons atteindre ce degré de paix et d'acceptation beaucoup plus tôt.

Le dernier point est que, dans l'éventualité où nous soyons malades et fatigués, il est primordial d'accepter la souffrance qui en découle plutôt que de s'acharner à la combattre ou de nous efforcer de nous impliquer dans le monde extérieur. Accepter la souffrance nous évite également de nous sentir coupables de ne plus être à la hauteur de nos engagements et responsabilités antérieurs, ce qui ne fait qu'ajouter une souffrance inutile à celle que nous vivons déjà. La culture moderne est tellement axée sur l'idée d'aller de l'avant et d'être toujours occupé qu'il est souvent difficile de se donner la permission d'écouter son corps et de se reposer quand cela est nécessaire. Cela est vrai pour des personnes à toutes les étapes de la vie, mais particulièrement en fin de vie, lorsque beaucoup d'entre nous sont contraints de « ralentir » pour la première fois.

COMPASSION

Lorsque quelqu'un se sent malheureux et fait face à des problèmes, je lui suggère souvent de pratiquer la compassion. Il pourrait me répondre : « Je suis tellement malheureux moi-même, comment puis-je encore avoir de la compassion pour les autres ». Cette façon de penser semble suggérer que la compassion équivaut à la sympathie ou au fait de se sentir désolé pour les autres. Cela semble également suggérer que nous souffrirons davantage advenant que nous devions assumer leurs fardeaux. Or, la souffrance d'ordinaire survient lorsque nous ignorons les sentiments des autres et que nous sommes aveuglés par notre propre orgueil et notre vanité. Par conséquent, faire naître en nous une véritable compassion pour les autres est un moyen très efficace de réduire notre propre souffrance.

Bien que pratiquer la compassion puisse être immensément bénéfique, beaucoup de gens ont une conception limitée de ce qu'est réellement la compassion, pensant qu'il s'agit de s'apitoyer sur le sort d'autrui, tout en se sentant mal à l'aise. Nous pourrions en arriver au raisonnement suivant : « Ressentir de la compassion pour autrui me fait souffrir, dès lors je ne devrais pas penser à la souffrance d'autrui ». Cette façon de penser est très limitée, car la compassion sincère va toujours de pair avec la sagesse et ne devrait donc jamais nous faire souffrir ou nous affaiblir. Pourquoi en est-il ainsi ? La compassion sincère nécessite que nous comprenions les causes de la souffrance et le potentiel à la surmonter — que chaque être vivant, à commencer par nous-mêmes, possède. En prenant alors mentalement sur nous les souffrances des autres, nous pouvons développer un esprit fort et courageux, nous protégeant effectivement de la souffrance !

Laissez-moi vous donner un exemple de la façon dont nous pouvons combiner la compassion et la sagesse. Supposons que quelqu'un tue une personne ou lui vole ses biens, il est évident de ressentir de la compassion pour celui qui a perdu de l'argent, voire sa vie, et d'être en colère contre la personne ayant commis le crime. Pourtant, en combinant la compassion et la sagesse, nous réalisons que tous les deux peuvent faire objet de compassion. Tout d'abord, la personne ayant perdu de l'argent souffre en raison de plusieurs facteurs, dont son karma négatif antérieur, tandis que celui ayant commis le crime le fait sous le contrôle des émotions accablantes et génère de futures souffrances pour lui-même comme conséquence de son action (des souffrances pouvant même s'accroître dans les vies à venir). C'est sur cette base que la compassion peut être étendue de manière impartiale à tous les êtres vivants, amis et ennemis confondus.

Ce type de compassion ne cherche pas seulement à comprendre la souffrance d'autrui, mais nous incite également à agir afin de les soulager. Il est merveilleux d'être en mesure d'aider les autres, mais, même si nous ne pouvons pas le faire, nous devons nous rappeler que développer la compassion nous sera certainement d'une grande aide. Comprendre la souffrance des autres revient à diminuer notre propre souffrance, car nous réalisons que nous traversons tous des tourments similaires et que nous concentrer sur nos propres problèmes ne fait plus sens. Comme les ondulations qui se propagent à la surface de l'eau lorsqu'une pierre est jetée dans un étang, une attitude de compassion peut également aider ceux qui nous entourent, comme les amis et la famille. Cela se révèle être un catalyseur pour consolider la paix entre nous et les autres, et entre les personnes voyant notre exemple. Qui sait jusqu'où les ondes de notre compassion se propageront ?

SURMONTER LA PEUR DE LA MORT

Mourir, c'est simplement comme changer de vêtements
— Sa Sainteté le Dalaï-Lama —

~

D'habitude, les gens ont tendance à éviter de penser à la mort, mais, tôt ou tard, nous devons nous rendre compte qu'elle est inévitable. En prenant de l'âge, nous pouvons éprouver une plus grande crainte de la mort, une peur qui repose en grande partie sur trois facteurs principaux. Tout d'abord, il y a la crainte de perdre des êtres chers et des possessions, ainsi que celle de l'anéantissement. Puis, il y a la peur de la douleur physique conduisant à la mort. Enfin, nous devons affronter la peur de devoir faire face aux conséquences des mauvaises actions que nous avons pu commettre, souvent accompagnée d'un profond sentiment de regret. Toutes ces craintes, cependant, peuvent être surmontées à condition que nous sachions comment.

D'un point de vue bouddhiste, l'attachement est la source de la souffrance et doit donc être abandonné. À supposer que nous soyons attachés à nos proches, la peur que nous avons de les perdre est susceptible de nous causer une grande détresse. Afin d'atténuer cette crainte, il est particulièrement utile de considérer toutes les personnes avec lesquelles nous sommes associés dans cette vie, même les plus proches, comme des inconnus que nous croisons dans la rue ou des protagonistes d'un rêve. À une plus vaste échelle de l'ordre des choses, ce ne sont que des connaissances de passage.

Cela ne signifie pas pour autant que nous ne reverrons plus jamais ceux que nous aimons. En effet, en nous libérant de nos attachements, il y a de plus fortes chances que nous les rencontrions à nouveau dans une situation favorable. En vérité, les rapports positifs que nous avons eus avec ces personnes, basés sur la sollicitude et la générosité, ne manqueront pas de nous réunir à nouveau lorsque les conditions seront propices. Bien que nous ayons à faire nos adieux à tous nos proches, nous pouvons de fait nous réjouir de la mort, si tant est que nous la considérions comme un nouveau départ et à condition que nous soyons capables de réduire notre attachement à notre vie qui s'égrène.

Nous pouvons également avoir une peur profondément ancrée de la douleur physique. Afin de la contrer, il peut être utile d'être conscient que tout le monde ne connaît pas une mort douloureuse. En fait, nombre de personnes meurent sans aucune douleur et l'esprit en paix. Néanmoins, si nous faisons l'expérience de la douleur, il nous faudra nous forger un esprit fort et une attitude acceptant la douleur avec courage, au lieu de l'appréhender avec peur ou aversion. Plus important encore, nous devons être conscients que la douleur que nous éprouvons est un moyen de purifier de grandes quantités de karma négatif, surtout si nous sommes capables de conserver un état d'esprit vertueux. Lorsque nous sommes malades, l'expérience de la douleur est souvent un signe que notre corps est en train de guérir. Il est bon d'envisager de la même manière notre corps qui passe par la transition vers une nouvelle existence.

Deuxièmement, il est essentiel que l'esprit ne soit pas uniquement préoccupé par la douleur ou qu'il ne s'y attache pas. Même lorsque nous en faisons l'expérience, notre capacité à y faire face dépend de notre aptitude à nous détacher de nos réactions à la sensation de douleur, bien qu'elle puisse être intenable. Il est donc bon d'apprendre à « observer » la douleur, à la faire passer au second plan ou à la considérer comme une simple sensation, en ayant l'esprit imprégné de pensées élevées et vertueuses, comme l'inspiration de Dieu ou toute autre représentation de nos convictions les plus profondes.

Afin d'affronter les sentiments de regret, nous devons d'abord comprendre qu'il est bon de regretter les mauvaises actions que nous avons pu commettre. Nous devons nous rappeler que les actions négatives et leurs résultats ne sont que temporaires et ne définissent donc pas qui nous sommes. Au contraire, notre véritable nature est fondamentalement pure et non polluée par des émotions troublantes, tout comme un ciel bleu et sans nuages. Plus notre sentiment sincère de regret pour toutes nos mauvaises actions est grand, plus nous avons la possibilité de nous purifier en utilisant les quatre conditions mentionnées précédemment — le regret, l'application d'un antidote, la résolution et l'intensité. Souvenez-vous que le regret sincère ne signifie pas que nous devrions nous plonger dans les affres de la culpabilité sans rien entreprendre. Au contraire, le regret doit nous inciter à accepter honnêtement qui nous sommes ainsi que les événements qui se sont produits au cours de notre vie, et à faire de notre mieux pour éliminer les états d'esprit néfastes et cultiver, à la place, des qualités mentales saines.

Il peut également être très utile de comprendre ce qui se passe lorsque nous mourons. Une grande partie de ces connaissances proviennent des pratiques tantriques du bouddhisme tibétain, grâce auxquelles les grands pratiquants s'entraînaient à faire consciemment expérience de la mort alors qu'ils étaient encore en vie. Nous sommes très chanceux que ces connaissances soient aujourd'hui largement disponibles, car elles peuvent nous aider à savoir exactement à quoi nous attendre sur le seuil de la mort et à surmonter la peur de l'anéantissement.

Concrètement, nous faisons l'expérience de la mort tous les jours en nous endormant. Lorsque nous dormons, l'esprit grossier, composé de nos pensées et émotions ordinaires, se dissout dans l'esprit subtil et nous pouvons ressentir de la félicité et une certaine clarté lorsque cela se produit. Au moment de la mort, l'esprit subtil devient encore plus fin et les énergies du corps physique se dissolvent une à une dans les quatre éléments fondamentaux : la terre, l'eau, le feu et le vent. C'est pourquoi, lorsque nous mourons, nous nous sentons d'abord extrêmement lourds, comme si nous étions lestés, car l'élément terre se dissout progressivement dans l'élément eau. Puis, nous nous sentons extrêmement déshydratés, car l'élément eau se dissout, et enfin notre corps se refroidit avec la dissolution de l'élément feu. Finalement, nous avons du mal à nous mouvoir et notre respiration s'arrête progressivement avec la dissolution de l'élément vent.

Cette étape de dissolution comporte de nombreux autres détails[40], que l'on peut trouver dans des ouvrages spécifiques consacrés à ce sujet. Il est important de savoir, cependant, que son déroulement ne se termine pas au dernier souffle. Bien que la respiration et les battements du cœur aient cessé et que la personne soit considérée comme morte, les processus mentaux du défunt se poursuivent, et il est donc conseillé de ne pas le déplacer pendant un certain temps et de ne pas le déranger avec du bruit. De telles interférences pourraient en effet perturber l'esprit subtil du défunt pendant les dernières phases de la dissolution, entraînant une agitation de l'esprit à certains stades.

Au Tibet, il existe de nombreux cas de pratiquants spirituels qui ont fait preuve d'une maîtrise complète du processus de la mort et il arrive régulièrement que leur corps reste chaud, en particulier au niveau du cœur, plusieurs jours après que la respiration a cessé. Pour donner un exemple, mon propre maître, Lama Lobsang Trinley, et son frère spirituel, Lama Rinpal, ont tous deux été capables d'annoncer le moment de leur mort et sont décédés dans une profonde absorption méditative, sans agonie aucune. Le vénérable 16ᵉ Karmapa a, de tout temps, été joyeux au cours de sa maladie finale et, plusieurs jours après sa mort, on a constaté que son cœur était encore chaud[41], ce qui a déconcerté les médecins et les scientifiques occidentaux. Cela démontre qu'il peut encore y avoir un lien entre l'esprit et le corps longtemps après le moment où nous considérons qu'une personne est « morte ».

Dans le cas de la plupart des gens, en revanche, au moment où nous nous séparons de notre corps actuel, notre esprit subtil devient progressivement plus grossier et nous sommes propulsés vers une nouvelle incarnation. Ce phénomène est détaillé dans les « enseignements du bardo », le terme bardo décrivant un état ou une étape intermédiaire entre cette vie et la suivante. Plongée dans cet état, notre conscience réapparaît avec sa capacité de percevoir, de ressentir et de reconnaître à nouveau les choses, mais sans le support d'un corps physique. Après une période de transition, dont la durée est d'environ sept semaines, cette conscience renaît une fois de plus dans un nouveau corps[42].

Nous souhaitons tous une mort paisible, mais cela dépend de la façon dont nous avons vécu notre vie. Il est primordial de vivre une vie paisible et de s'efforcer de développer de bonnes qualités mentales telles que la bienveillance, la compassion, le pardon et la tolérance. À l'approche de la mort, il est crucial de se concentrer sur le développement de ces qualités, car il s'agit d'un moment très intense et nous avons là une grande opportunité de nous assurer une mort paisible et une réincarnation propice.

PRATIQUES DÉDIÉES AU MOMENT DE LA MORT

Il existe deux pratiques spirituelles importantes auxquelles nous pouvons nous exercer pour nous aider à accéder à une mort paisible. La première est une pratique de purification plus approfondie, pouvant être entreprise quelque temps avant ou au moment de la mort, si nous en avons l'énergie. La deuxième pratique est une méthode très spéciale et concrète pour nous aider à renaître dans un domaine pur ou un paradis. Un tel domaine reflète les qualités des êtres éveillés et est exempt de souffrances, car il n'y a aucun espace pour l'apparition d'états mentaux néfastes et les êtres qui y résident possèdent spontanément des états d'esprit purs et une perception divine.

Cependant, ces deux pratiques reposent sur notre capacité à développer un esprit calme et posé. Il est donc crucial d'apprendre d'abord les bases de la pratique de la méditation. Je vais donc donner un aperçu de la façon de méditer avant de décrire ces pratiques importantes.

Apprendre à méditer

Malheureusement, notre esprit est généralement si dispersé qu'il est difficile de se concentrer sur un objet sans perdre sa concentration. Il est par conséquent crucial d'apprendre une méthode ou une routine pour ramener l'esprit et le corps à un état de bien-être et de calme, ainsi que pour garder l'esprit alerte lorsque nous le décidons [43]. Cela commence par l'apprentissage des postures de méditation correctes.

Les quatre postures de méditation

Nous pouvons méditer en étant assis, allongés, en marchant ou en nous tenant debout, et chacune de ces postures peut être utilisée de manière formelle ou informelle.

Pour méditer assis, il faut utiliser une chaise au siège confortable et à dossier droit, ou un tabouret, ou un coussin de méditation. Les deux mains posées sur les genoux ou sur les cuisses, tandis que le dos est maintenu droit, le menton légèrement rentré. La mâchoire, la langue, les épaules et l'abdomen sont tous détendus. Les yeux sont fermés ou entrouverts, le regard tourné vers le bas. Placer la langue derrière les dents de la mâchoire supérieure aide à rendre l'esprit plus alerte, alors que la placer derrière les dents de la mâchoire inférieure peut vous aider à accéder à un état plus détendu et plus calme.

En méditant allongés, vous pouvez soit vous coucher sur le dos, les bras le long du corps et les mains ouvertes, soit sur le côté droit, la main droite placée sous le visage, les jambes jointes avec les genoux légèrement pliés et le bras gauche reposant le long du côté gauche du corps. Pour méditer en marchant ou en vous tenant debout, vous devez placer la main droite dans la main gauche devant vous, en laissant vos bras pendre naturellement et en veillant à maintenir une posture droite, mais détendue.

La méthode de base de la méditation

Tous les types de méditation suivent la même méthode de base et celle-ci commence par une relaxation consciente du corps. Un bon moyen d'y parvenir est de faire quelques « exercices d'assouplissement » avant de méditer, par exemple en secouant ou en massant différentes parties de votre corps ou en effectuant des étirements de yoga. Vous devez ensuite abandonner consciemment toutes les préoccupations du passé et de l'avenir, en vous résolvant à devenir une personne « sans histoire » alors que vous méditez. Concentrez ensuite votre esprit sur la conscience du moment présent, y compris votre respiration, la présence physique de votre corps, les différentes sensations, les sons autour de vous ainsi que l'état dans lequel votre corps se trouve, en notant comment toutes ces perceptions apparaissent et disparaissent.

Une fois l'attention bien établie, vous pouvez continuer à vous concentrer sur le moment présent, parfaitement ancré dans la conscience de la respiration (et attentif à la longueur de vos inspirations et expirations). Vous pouvez également porter votre attention sur un objet de méditation spécifique, comme une visualisation, un son, la contemplation d'un thème tel que la bienveillance, ou la conscience pure de votre respiration, perçue au niveau du cœur ou sur la pointe du nez.

Il est inévitable que des pensées surgissent, et vous devez simplement les observer ou les noter avec « l'aspect conscient » de votre esprit, sans vous y attacher, puis revenir en douceur à l'objet de méditation. Des sons et d'autres sensations persisteront en arrière-plan ; une partie de votre esprit sera consciente de ces sensations, mais elles ne doivent pas perturber votre attention, tant que vous parvenez simplement à les observer, sans réagir. En pratiquant de cette manière, vous devriez arriver à un état où le corps est détendu, les émotions sont calmes et l'esprit est clair.

Au début, des séances courtes et fréquentes sont le meilleur moyen de développer un état d'esprit calme et équilibré. De cette façon, la pratique sera agréable et intéressante et vous serez assuré de remarquer une différence après un certain temps. Un état d'esprit calme vous permettra de ressentir réellement l'effet des deux pratiques qui suivent et de comprendre leur véritable signification.

Pratique de purification

La tâche la plus cruciale dans la préparation à la mort est de purifier notre karma négatif. Cela requiert les quatre conditions que j'ai évoquées précédemment : le regret, l'application de l'antidote, la résolution et l'intensité. Nous pouvons rendre cette pratique encore plus efficace grâce à une visualisation particulière appelée Vajrasattva[44] par les bouddhistes. Vajrasattva est une divinité d'un blanc éclatant incarnant la pureté, la compassion et le pouvoir de guérison. Pour ceux qui ont des inclinaisons spirituelles différentes, il est important d'effectuer cette pratique à l'aide d'une représentation de ces qualités qui vous est propre. Par exemple, vous pouvez choisir de visualiser Jésus Christ ou une présence aimante sous la forme d'une lumière blanche rayonnante, ou encore une image de la nature comme les rayons de soleil brillants à travers une pluie fine.

Prenez d'abord l'une des postures de méditation décrites ci-dessus, choisissez la plus confortable pour vous. Souvenez-vous de tout ce que vous avez fait de mal dans cette vie et admettez-le à cœur ouvert, faites-en de même de toutes les peines que vous portez, peu importe leurs raisons. Vous pouvez également admettre que vous avez commis de nombreuses actions néfastes au cours de vos multiples vies antérieures. Visualisez la forme de Vajrasattva (ou ce qui incarne cette vérité pour vous), au-dessus de la tête, d'un blanc translucide comme la lune. Il est orné de joyaux, et assis les jambes croisées sur une fleur de lotus blanche. Demandez avec une sincérité intense : « Être de compassion, je te prie de purifier tout mon karma négatif ».

Vous visualisez ensuite le doux nectar divin de félicité, de compassion et de pardon se déversant du cœur de Vajrasattva et imprégnant chaque pore de votre peau et chaque cellule de votre corps, vous lavant ainsi de tout votre karma négatif et de vos émotions néfastes. Ce faisant, toutes les souillures sont emportées et quittent votre corps par sa partie inférieure, sous forme de fumée noire, d'encre ou de sang vicié, disparaissant sous le sol. Lentement, le nectar opalin remplit alors votre corps, qui

Vajrasattva, l'incarnation de la pureté dans le bouddhisme tibétain

devient comme un cristal, comme du lait versé dans un verre. Il ne s'agit pas d'une simple visualisation, mais de quelque chose que vous pouvez réellement ressentir dans tout votre corps.

Dans le cas où vous trouveriez cette visualisation difficile, une autre forme de cette pratique consiste à visualiser la chaleur du soleil se répandant progressivement dans votre corps, suivie d'une douce pluie de lumière ruisselant sur votre peau d'abord, puis dans tous vos muscles, os et organes internes. Il est préférable d'adopter une forme de la pratique qui évoque le mieux pour vous une sensation de quiétude, de félicité et de rayonnement dans tout votre corps.

Tous les jours, aussi souvent que vous le pouvez, vous devez pratiquer cette visualisation et avoir la certitude de purifier ainsi votre karma négatif et vos émotions néfastes. Avec le temps, lorsque vous aurez suffisamment purifié votre karma, vous n'aurez plus peur de la mort et ne serez plus assailli de regrets, ce qui vous ouvrira la voie vers une mort paisible et une réincarnation précieuse. Vous saurez que la pratique porte ses fruits lorsque vous ressentirez le nectar laiteux de béatitude radiante remplir tout votre corps, et vous serez alors convaincu d'être purifié, comme si un poids pesant était retiré de vos épaules.

Pourquoi Vajrasattva ? Dans la tradition bouddhiste, on dit qu'il y avait autrefois un saint connu sous le nom de Vajrasattva qui a atteint l'illumination avec l'aspiration de purifier le karma négatif de tous les autres êtres vivants, ce qui équivaut au Christ mourant sur la croix pour purifier les péchés du monde. Par conséquent, prier en prenant Vajrasattva comme support, ou Jésus si vous êtes chrétien peut être particulièrement efficace.

Pratique permettant de renaître libre de toute souffrance

À supposer que nous ayons le désir de renaître beau, riche ou puissant, cela est certainement réalisable si nous sommes munis de la méthode pour purifier notre karma négatif et de l'aspiration à renaître de cette façon. Toutefois, renaître beau, riche ou puissant ne garantit pas que nous serons exempts de souffrance dans nos vies futures.

Dans le cas où nous souhaiterions être libérés des souffrances pour de bon, il est préférable d'aspirer à renaître dans une terre pure ou un domaine céleste. Il existe une école entière, connue sous le nom du bouddhisme de la Terre Pure, qui met l'accent sur l'entraînement de l'esprit à cette aspiration, de sorte que, à l'approche du moment de la mort, nous puissions être confiants et familiarisés avec la transition vers la renaissance dans le domaine pur appelé Sukhavati. Bien que ces enseignements proviennent des écrits bouddhistes remontant à plusieurs siècles, ils ne sont nullement obsolètes et ne sont pas non plus un simple dogme. Au contraire, ils ont été confirmés à maintes reprises par l'expérience directe de pratiquants hautement réalisés, y compris de nos jours et, en de nombreuses occasions, la mort de ces pratiquants a été accompagnée

Bouddha Amitabha

de signes miraculeux. D'ailleurs, j'en ai été plusieurs fois personnellement témoin au Tibet. À titre d'exemple, une femme de mon village en
phase terminale d'un cancer de la gorge m'a confié qu'elle avait craint la
mort pendant quelques semaines, jusqu'au jour où elle a eu une vision
du Bouddha rouge Amitabha apparaissant devant elle — à partir de ce
moment-là, elle a complètement perdu toute peur de mourir et s'est sen-
tie joyeuse et confortée, sans se soucier le moins du monde de la douleur
physique.

En pratiquant assidûment la méthode de méditation nous permettant
de nous familiariser avec le paradis de Sukhavati, nous créerons les conditions d'une mort sans crainte, paisible et joyeuse — certains que nous
aurons une nouvelle incarnation merveilleuse. Comprenez bien que cette pratique n'est pas réservée aux bouddhistes. En ayant une foi profonde
en Dieu ou en un être excellent comme Jésus, symbolisant Sukhavati, la
pratique sera tout aussi efficace pour vous.

Pourquoi le domaine de Sukhavati est-il si spécial ? Tout comme Vajrasattva a consacré son illumination à la purification de notre karma négatif, il est dit qu'un bodhisattva, ou un être excellent, connu sous le nom d'Amitabha, aspirait autrefois à libérer les gens de la souffrance au moment de la mort et, en atteignant l'éveil, il a engendré le paradis de Sukhavati. Cela ne signifie pas qu'il a bâti cet endroit, mais plutôt qu'il a consacré des océans de karma positif pour qu'un domaine pur se manifeste, dans lequel les gens pourraient renaître si tant est que leurs intentions fussent profondément sincères.

En nous réincarnant dans un domaine pur, nous sommes intrinsèquement parfaits. Cela signifie que nos qualités mentales suprêmes sont innées et, de fait, bien supérieures aux qualités que j'ai décrites dans ce livre. Plus précisément, nous y sommes dotés de dévotion, de diligence, de mémoire suprême et de clairvoyance, de concentration, de compassion et de sagesse. Nous y naissons ainsi dans ce domaine, des êtres physiquement et mentalement parfaits, à l'air divin. Bien que nous puissions encore avoir certaines faiblesses, il est impossible que des émotions négatives ou de mauvaises habitudes prennent le dessus, car les conditions extérieures sont sanctifiées par le pouvoir divin d'Amitabha. Par exemple, personne n'y provoque de conflits et il n'y a pas de conditions environnementales entraînant une quelconque sorte de dégradation, de souffrance ou d'émotions négatives. Par conséquent, tout notre karma sera naturellement purifié et nous ne renaîtrons plus jamais dans un domaine impur, sauf par choix. Nous serons véritablement libres.

Comment atteindre le domaine pur d'Amitabha ? Les enseignements parlent de quatre conditions, qui sont très simples et efficaces. Gardez à l'esprit qu'il s'agit d'une pratique infiniment précieuse et puissante. Il est extrêmement rare de recevoir cet enseignement et d'avoir la chance de le pratiquer.

1. *Aspiration sincère*

Vous devez avoir l'intention et le désir profondément sincère de renaître en Sukhavati. Normalement, le désir est considéré comme un obstacle à une mort paisible ; néanmoins, nous avons ici une chance unique d'utiliser cette émotion pour aspirer à renaître en Sukhavati. En tant qu'êtres humains, nous sommes généralement contrôlés par le désir ; or nous avons désormais la possibilité de le guider afin d'atteindre le domaine pur d'Amitabha.

2. Familiarisation

Vous devez vous familiariser avec le domaine pur, et en particulier avec la forme d'Amitabha, qui est comme une porte d'entrée en Sukhavati. Il est donc suggéré de pratiquer la visualisation, soit du Bouddha Amitabha, soit de toute représentation divine, dont vous vous sentez fondamentalement proche, en adoptant l'une des postures de méditation formelles décrites plus haut.

Amitabha est traditionnellement représenté de couleur rouge-rubis, comme une montagne de rubis resplendissante à la lumière de mille soleils. Il est vêtu de simples robes monastiques, assis les jambes croisées, les mains en position de méditation (main droite sur la gauche, posées sur les cuisses). La couleur rouge symbolisant le désir humain, et le Bouddha Amitabha se manifestant pour nous libérer de ce désir.

Traditionnellement, sa forme est visualisée au-dessus de notre tête ou nous faisant face au niveau du front. Normalement, l'image visualisée est beaucoup plus grande qu'un être humain, parfois aussi grande qu'une montagne, bien qu'elle puisse être de n'importe quelle taille vous convenant. Vous pouvez ensuite imaginer l'infinie bienveillance s'étendant du cœur d'Amitabha sous la forme d'une lumière rouge ou rose, et se connectant à chaque être vivant de l'univers.

Dans le cas où vous trouveriez cette visualisation difficile, une autre forme consiste à imaginer une rose rouge au centre de votre cœur, qui s'ouvre lentement en répandant une douce lumière rouge ou rose dans toutes les parties de votre corps. Vous pouvez ensuite visualiser cette lumière comme une sphère qui s'étend progressivement au-delà de votre corps, se connectant à nouveau avec tous les êtres vivants.

Il serait excellent de pouvoir maintenir cette visualisation clairement dans votre esprit, en la renforçant par une pratique répétée. Vous devriez la visualiser tous les jours, aussi souvent que vous le pouvez, encore et encore, jusqu'à ce qu'elle vous devienne si familière que vous sentiez la présence d'Amitabha. Il est important de se sentir proche ou d'avoir un fort sentiment de connexion avec Amitabha. Toutefois, si vous trouvez cette visualisation difficile, imprégnez simplement votre esprit de sa couleur rouge-rubis et de son extraordinaire amour et de sa compassion envers vous et tous les êtres vivants. Un dernier point consiste à se souvenir qu'en recourant à la visualisation, nous ne sommes pas en train d'imaginer quelque chose, comme lorsque nous imaginons un morceau de bois se transformant en or ; nous essayons plutôt d'entrer en contact avec une réalité plus subtile.

Il est également bon de se familiariser avec certaines des caractéristiques uniques de Sukhavati[45], scrupuleusement décrites dans divers textes bouddhistes. Comme je l'ai déjà mentionné, les afflictions mentales n'ont aucune chance de survenir, car cet endroit et ses habitants sont d'une nature parfaitement pure.

3. Accumulation de mérite

Vous devez également essayer autant que possible d'accomplir de bonnes actions et de développer des qualités mentales vertueuses. Soyez bienveillant envers les autres, évitez la colère et la jalousie, et apprenez à pardonner, ainsi qu'à lâcher prise de tout ce à quoi vous êtes attaché. Rappelez-vous que vous essayez de transformer votre esprit afin de pouvoir renaître en Sukhavati. Priez également d'y renaître pour le bien de tous les êtres vivants, car une fois là-bas, vous aurez beaucoup plus de liberté et de possibilités de bénéficier aux autres, du fait de certains pouvoirs divins que vous posséderez et qui dépassent notre compréhension habituelle. Cultivez le mérite et les bonnes actions tout au long de la journée et évitez les actes négatifs. Chaque matin, inspectez votre motivation, en prenant la décision d'être sincèrement bienveillant et compatissant plutôt que motivé par l'intérêt personnel. Prenez la résolution de ne pas gaspiller la journée, mais de l'utiliser à bon escient afin d'accumuler le mérite dans l'intention de renaître en Sukhavati. Chaque soir, réfléchissez à vos actions. Soyez conscient de vos actions bonnes et mauvaises, dédiez le mérite de vos bonnes actions et réjouissez-vous-en. Prenez également la résolution de ne jamais répéter vos actions négatives à l'avenir.

4. Consécration

Vous devez dédier toutes les bonnes actions que vous avez réalisées tout au long de votre vie, ainsi que les océans de bonnes actions réalisées par tous ceux que vous connaissez ou que vous pouvez imaginer, à une renaissance céleste. Dédier les bonnes actions des autres en plus des nôtres augmente la force de notre aspiration. À chaque bonne action accomplie, dédiez-la par une prière fervente, en formulant le souhait sincère de renaître en Sukhavati pour le bien des autres. Pensez en votre for intérieur : « Je souhaite dédier mon mérite ainsi que le mérite de tous les êtres afin de renaître en Sukhavati pour le bien de tous les êtres vivants ! Je souhaite dédier ces vertus afin de dissiper tous les obstacles à l'accomplissement de cette pratique ! Je souhaite, également, dédier ces vertus à tous les êtres afin qu'ils aient la chance de connaître et de pratiquer ces enseignements ! »

Assurez-vous de ne pas consacrer vos bonnes actions à une incarnation future focalisée sur la bonne santé, la beauté, la richesse, la position et ainsi de suite. Ces qualités sont limitées et s'épuiseront avec le temps. Alors qu'en consacrant votre mérite à une renaissance en Sukhavati, vous découvrirez ces qualités et bien d'autres encore, en nombres infinis et au-delà de toute imagination.

LA VIE APRÈS LA MORT

Que se passe-t-il réellement lorsque nous mourrons, en ayant été assidûment entraînés à la pratique d'Amitabha ? Les enseignements parlent d'une naissance miraculeuse d'une fleur de lotus et d'une expérience de fusion avec une lumière douce et infinie, où nous voyons enfin vraiment le visage d'Amitabha, ou ressentons sa présence aimante. Nous pourrions recevoir la prophétie de notre propre éveil, ou être guidés par des êtres éveillés vers notre réincarnation.

En nous familiarisant avec Amitabha et en développant une foi absolue en lui, il est possible que nous le voyions avant de mourir, et cette expérience directe fera disparaître complètement notre crainte de la mort. Bien que cela puisse paraître incroyable, il ne s'agit pas d'une simple superstition. Dans ma province au Tibet, j'ai connu des personnes qui avaient eu une vie bien remplie et n'avaient pas eu le temps de se consacrer à la pratique spirituelle, mais qui se sont ensuite tournées vers la méditation sur Amitabha. Alors qu'ils approchaient de la vieillesse et de la mort, nombre d'entre eux ont eu des visions d'Amitabha et se sont sentis réjouis et rassurés. Chacun d'entre eux a connu une mort paisible, sans crainte et sans douleur. J'ai été directement témoin de ces événements il y a seulement quelques années — ce n'est pas une légende.

Tout cela s'applique-t-il aux Occidentaux ? Certainement ! Ceux qui ont vécu une expérience de mort imminente parlent souvent d'avoir été attirés puis enveloppés par la lumière[46], ainsi que de la présence d'amour inconditionnel. J'ai été particulièrement intéressé de lire Elizabeth Kubler-Ross[47], célèbre pour son travail auprès des mourants, qui décrit une expérience très similaire dans son autobiographie, peu avant son décès. Elle se rappelle avoir quitté son corps, avoir vu énormément de fleurs de lotus d'une incroyable beauté devant elle, ainsi qu'une lumière et avoir su qu'elle devait passer à travers une immense fleur de lotus bien précise afin de fusionner avec la lumière et sa présence aimante. Après cette expérience, elle a perdu toute crainte de la mort :

« Il ne faut pas avoir peur de mourir. Cela peut être l'expérience la plus merveilleuse de votre vie. Tout dépend de la façon dont vous l'avez vécue. »[48]

Cette expérience est semblable à bien des égards à celle des pratiquants d'Amitabha au Tibet. Bien qu'elle n'ait pas mentionné avoir vu un être rouge-rubis, il n'est pas nécessaire que tous les détails coïncident, car la perception de chacun dépend de la façon dont l'esprit a été formé. Ce qui est important, en revanche, c'est de reconnaître la nécessité de vivre en bon être humain, avec une conviction et une compassion inspirées, en ayant la certitude inébranlable que nous aurons une mort paisible et sans crainte.

Quand bien même nous ne sommes pas suffisamment familiarisés avec la pratique d'Amitabha ou, si nous ne pouvons tout simplement pas nous y rallier, nous devons nous souvenir que tous les enseignements spirituels nous instruisent de la possibilité d'une vie après la mort. Dans la tradition tibétaine, de nombreuses preuves suggèrent qu'il ne s'agit pas seulement d'une croyance produite par une foi aveugle. L'un des exemples les plus parlants est celui du dalaï-lama, dont l'incarnation actuelle est Tenzin Gyatso, également connu sous le nom de Sa Sainteté le quatorzième Dalaï-Lama. Il a été reconnu très tôt comme l'incarnation du treizième Dalaï-Lama par un processus d'examen rigoureux consistant, entre autres, à vérifier s'il pouvait reconnaître des objets lui ayant été familiers dans sa vie antérieure. Par ailleurs, il a progressé à un rythme inhabituellement rapide dans ses études par rapport aux autres moines, ce qui suggère une grande « capacité spirituelle » innée. Et plus encore, à la fin de chaque vie dans ce monde, Sa Sainteté donne des indications sur le lieu où il renaîtra, ce qui laisse entendre qu'il a suffisamment de contrôle sur son esprit pour choisir les circonstances de sa renaissance et que son profond engagement pour le bien-être du peuple tibétain est destiné à durer de nombreuses vies.

De même, il existe de nombreux cas de tulkus tibétains, ou réincarnations reconnues qui choisissent de revenir vie après vie, pour poursuivre le travail dans leur monastère ou même à l'étranger, en fonction de leurs aspirations. Non seulement ils sont reconnus à l'aide de tests spécifiques et d'interprétation attentive de « signes », mais beaucoup d'entre eux ont également la faculté de se souvenir d'événements clés de leurs vies passées, de la même manière que nous pouvons nous souvenir d'événements de notre enfance.

Ce phénomène n'est certainement pas limité aux Tibétains. Récemment, un certain nombre d'Occidentaux ont été reconnus comme des réincarnations de lamas tibétains[49]. Il existe également un nombre impressionnant de rapports de cas de personnes d'origine occidentale dotées de remarquables facultés à se souvenir de ce qui apparaît être des vies antérieures. Certains de leurs récits correspondent presque en tout point aux preuves historiques d'une époque particulière ou d'une situation précise, révélant des faits qui n'auraient tout simplement pas pu être recueillis par des moyens frauduleux. À titre d'exemple, il existe un grand nombre de cas documentés de jeunes enfants capables d'identifier les maisons et les membres de famille de leur vie antérieure[50], se souvenant de noms et d'événements qui ont été confirmés par ceux qui vivaient encore dans ces lieux.

Fondamentalement, il existe deux types de réincarnations. Tout d'abord, il y a la réincarnation par choix. C'est le cas lorsque nous pouvons contrôler notre esprit à un degré élevé et renaître parmi des personnes ou dans des situations nous permettant d'aider les autres efficacement, à l'image de Sa Sainteté le Dalaï-Lama. Puis, il y a la réincarnation dominée par le karma. Dans quel cas, nous sommes emportés par le flot de nos actions passées vers une nouvelle existence déterminée par nos émotions et notre karma !

Renaître en Sukhavati, cependant, nous permet de contourner cette réaction en chaîne karmique. Cela signifie que nous ne renaîtrons plus jamais dans le monde humain ni dans aucun autre domaine, à moins que nous ne le choisissions. Cet enseignement est donc extrêmement précieux, car il peut nous aider à échapper une fois pour toutes au cycle impérieux des morts et des renaissances.

Épilogue

Ce livre n'a pas été écrit dans le seul but de vous divertir. Au contraire, je souhaite sincèrement que vous le considériez comme une référence utile que vous pouvez consulter à tout moment de votre vie. J'espère que vous l'utiliserez lorsque vous serez confronté à des difficultés, aurez d'importantes décisions à prendre, ou tout simplement lorsque vous aurez envie de prendre un peu de temps pour réfléchir à la façon dont votre vie se déroule.

C'est pourquoi je vous encourage vivement à ne pas vous contenter de le placer sur une étagère pour qu'il prenne la poussière lorsque vous aurez fini de le lire. Gardez-le avec vous, où que vous soyez. Réfléchissez à son contenu encore et encore, et appliquez la sagesse acquise à votre vie quotidienne. Discutez des idées contenues dans ce livre avec votre partenaire, votre famille ou vos amis. Ne les acceptez pas avec une foi aveugle, mais testez-les et voyez si elles fonctionnent pour vous, à l'image d'un scientifique menant une expérience. Ne pensez pas non plus que certaines sections sont évidentes et ne méritent pas que vous y réfléchissiez, car nous avons souvent des difficultés dans certains aspects de notre vie précisément parce que nous ne réfléchissons pas à des choses qui nous semblent évidentes.

Il vous sera très utile d'appliquer l'ensemble des principes que vous avez appris à toutes les situations auxquelles vous êtes confronté, puis d'en évaluer l'efficacité et de vous demander si vous pouvez faire mieux la prochaine fois. Faites-le encore et encore, et renouvelez votre engagement à pratiquer chaque jour les qualités positives, en particulier la bien-veillance et la gratitude. Et quand bien même certaines idées semblent évidentes, n'oubliez pas qu'il y a un fossé immense entre savoir quelque chose et le comprendre véritablement ou l'incarner. Vous pouvez peut-être consacrer quinze à vingt minutes par jour à un rituel de réflexion sur soi, voire plus régulièrement, au cours de la journée. Vous serez alors en mesure d'intérioriser la sagesse de ce livre et de l'appliquer à chaque situation dans laquelle vous vous trouvez. En acquérant la maîtrise de la pratique des qualités mentales saines grâce à un entraînement assidu, vous serez progressivement en mesure de faire l'expérience de la joie su-prême qui accompagne les degrés de bonheur les plus élevés.

Enfants, nous voulons nous sentir joyeux et avoir confiance en nous. Adolescents et jeunes adultes, nous voulons connaître les secrets de la réussite professionnelle et relationnelle. En vieillissant, nous voulons apprendre à vivre une vie riche et gratifiante, en faisant face aux chan-gements et aux défis de la meilleure façon possible. Enfin, lorsque nous approchons de la fin de notre vie, nous voulons savoir comment nous préparer à une mort paisible. À chacune de ces étapes, nous pouvons ap-prendre à identifier et à cultiver les conditions qui mènent au bonheur, telles qu'elles s'appliquent à notre situation particulière.

Cependant, vous ne devez pas penser que seul le chapitre consacré à votre groupe d'âge s'applique à vous. Il est possible que, même si vous êtes âgé et retraité, vous trouviez les chapitres consacrés aux adolescents ou aux jeunes adultes plus pertinents pour votre situation de vie. D'autre part, même si vous êtes jeune, vous trouverez peut-être que les derniers chapitres du livre vous aideront grandement à préparer votre avenir, en vous donnant une idée de la manière de faire face aux défis que vous ren-contrerez. Par conséquent, n'importe quel chapitre peut vous être utile à tout moment.

Imaginez qu'à un moment donné dans le futur, vous êtes apprécié et respecté par votre communauté locale. Vous êtes avisé, généreux et plein de confiance ; vous êtes capable d'apporter de grands bénéfices aux personnes qui vous entourent et chaque moment de votre vie est rempli de contentement et de bonheur véritables. Du moins, du point de vue bouddhiste, c'est ainsi que votre vie deviendra si tant est que vous commenciez à cultiver les causes du bonheur dès maintenant, que ce soit plus tard dans cette vie ou dans la vie future. Comme l'a dit Bouddha, « Ce que vous êtes est ce que vous avez fait, ce que vous serez est ce que vous êtes en train de faire ». De ce point de vue, nous pouvons considérer ce livre comme un guide pour atteindre le bonheur au cours de plusieurs vies, et pas seulement dans celle-ci. Alors si vous avez pris quelques mauvaises décisions à l'adolescence, peut-être que la prochaine fois, vous serez plus averti!

Pendant de nombreuses années, j'ai souhaité écrire un livre comme celui-ci, car j'ai réalisé à quel point cela aurait pu m'être utile pendant mes jeunes années. Je me suis également rendu compte que bon nombre des problèmes auxquels j'ai été confronté au Tibet étaient exactement les mêmes que ceux auxquels les Occidentaux font face et que les causes du bonheur sont également identiques, quels que soient nos origines, notre âge ou les richesses que nous possédons. J'ai également constaté que, en Occident, le système éducatif met l'accent sur l'intelligence, les connaissances et la productivité, mais peu sur la gestion des émotions et la prise de décisions appropriées, qui sont souvent laissées aux aléas des circonstances. En outre, il semble que la « culture de la sagesse » ne soit pas très répandue de nos jours et que les gens aient rarement l'occasion de discuter des questions essentielles de la vie. J'espère que ce livre contribue un tant soit peu à combler certaines de ces lacunes.

Il y a maintenant trois derniers conseils avec lesquels je souhaite vous laisser. Premièrement, je vous conseille vivement de ne jamais chercher le bonheur aux dépens des autres. Deuxièmement, je vous invite à vous efforcer autant que possible de faire du bien aux autres. Enfin, je vous demande de vous rappeler que le bonheur dépend, la plupart du temps, de vous et qu'il dépend invariablement de la quantité de gratitude et d'appréciation que vous portez dans votre cœur. Mon souhait le plus cher est que vous compreniez profondément le sens de ce livre et que vous soyez inspiré à tirer le meilleur parti de cette précieuse vie humaine. Je prie pour qu'il contribue à vous guider vers une vie riche, pleine de sens et plus heureuse.

Récapitulatif des exercices

LA MÉTHODE DE MÉDITATION DE BASE

Tous les types de méditation suivent la même méthode de base et celle-ci commence par une relaxation consciente du corps. Un bon moyen d'y parvenir est de faire quelques « exercices d'assouplissement » avant de méditer, par exemple en secouant ou en massant différentes parties de votre corps ou en effectuant des étirements de yoga. Vous devez ensuite abandonner consciemment toutes les préoccupations du passé et de l'avenir, en vous résolvant à devenir une personne « sans histoire » alors que vous méditez. Concentrez ensuite votre esprit sur la conscience du moment présent, y compris votre respiration, la présence physique de votre corps, les différentes sensations, les sons autour de vous ainsi que l'état dans lequel votre corps se trouve, en notant comment toutes ces perceptions apparaissent et disparaissent.

Une fois l'attention bien établie, vous pouvez continuer à vous concentrer sur le moment présent, parfaitement ancré dans la conscience de la respiration (et attentif à la longueur de vos inspirations et expirations). Vous pouvez également porter votre attention sur un objet de méditation spécifique, comme une visualisation, un son, la contemplation d'un thème tel que la bienveillance, ou la conscience pure de votre respiration, perçue au niveau du cœur ou sur la pointe du nez.

Il est inévitable que des pensées surgissent, et vous devez simplement les observer ou les noter avec « l'aspect conscient » de votre esprit, sans vous y attacher, puis revenir en douceur à l'objet de méditation. Des sons et d'autres sensations persisteront en arrière-plan ; une partie de votre esprit sera consciente de ces sensations, mais elles ne doivent pas perturber votre attention, tant que vous parvenez simplement à les observer, sans réagir. En pratiquant de cette manière, vous devriez arriver à un état où le corps est détendu, les émotions sont calmes et l'esprit est clair.

Au début, des séances courtes et fréquentes sont le meilleur moyen de développer un état d'esprit calme et équilibré. De cette façon, la pratique sera agréable et intéressante et vous serez assuré de remarquer une différence après un certain temps. Un état d'esprit calme vous permettra de ressentir réellement l'effet des deux pratiques qui suivent et de comprendre leur véritable signification. (voir chapitre 8)

Réflexion — Prendre des décisions

Pensez à toutes les grandes décisions que vous avez prises récemment. Comment les avez-vous prises ? Avez-vous demandé conseil à d'autres personnes qui ont une plus grande expérience de la vie ? Avez-vous bien réfléchi à toutes les conséquences de votre décision ? Vos attentes étaient-elles réalistes ou irréalistes ? Avez-vous envisagé le pire des scénarios ? Avez-vous élaboré des plans de secours ? Étiez-vous complètement honnête avec vous-même, ou avez-vous pris la décision parce que vous vouliez impressionner quelqu'un ? Avez-vous envisagé toutes les options possibles ?

Maintenant, pensez à toutes les décisions que vous êtes sur le point de prendre. Posez-vous à nouveau toutes ces questions, en vous assurant d'examiner attentivement toutes vos options. Maintenant, asseyez-vous le dos bien droit, détendez votre corps, prenez quelques grandes respirations profondes et faites le vide dans votre tête. En toute honnêteté avec vous-même, quelle serait la meilleure décision à prendre ? (voir chapitre 4)

Exercice — Réflexion sur votre journée

Réservez une quinzaine de minutes tous les matins et soirs. Le matin, examinez votre état d'esprit avant de commencer la journée. Étiez-vous reconnaissant d'être en vie ce matin, de vivre dans un pays où les conditions sont si confortables par rapport à certains pays du tiers monde ? Êtes-vous déterminé à utiliser cette journée judicieusement et à pratiquer la compassion dans la mesure de votre possible, tout en restant fidèle à vos valeurs les plus chères ? Dans votre travail et vos relations, êtes-vous prêt à faire preuve de patience dans le cas où les choses ne se dérouleraient pas comme vous le souhaitez ?

Le soir, réfléchissez à la journée qui vient de s'écouler. Pensez aux personnes auxquelles vous avez parlé, aux endroits que vous avez visités, aux bonnes et mauvaises choses qui se sont produites. De quoi pouvez-vous être reconnaissant ? Vous pouvez écrire une liste de cinq à dix événements dans un « journal de gratitude ».

Asseyez-vous le dos bien droit, détendez tous vos muscles et respirez profondément. Essayez de trouver le repos dans la sensation naturelle de contentement et de joie, et réfléchissez à la manière dont vous pouvez faire en sorte que le jour suivant ait vraiment du sens et de la valeur à vos yeux. (voir chapitre 5)

Exercice : Apprendre des expériences de la vie

Nous avons à présent acquis une grande expérience de la vie, dont nous pouvons tirer de nombreuses leçons de grande valeur en réfléchissant attentivement à ce que nous en avons appris. Cela peut même nous amener à réévaluer certaines de nos priorités.

Pensez d'abord à une personne avec laquelle vous avez eu une relation dans le passé. Il ne s'agit pas nécessairement d'un partenaire de vie, cela

UNE VIE PLUS HEUREUSE

peut être un ami, un parent, ou un collègue. Quelle était votre motivation dans cette relation ? Cette relation s'est-elle déroulée comme vous l'aviez envisagé ? Dans quelle mesure avez-vous réussi à surmonter les difficultés ? Votre communication était-elle ouverte ? S'il y a eu une période de grande difficulté, vous pouvez éventuellement écrire ce dont vous vous souvenez — cela peut vous aider à accepter le passé et à aller de l'avant.

Pensez ensuite à un emploi que vous avez occupé dans le passé et posez-vous des questions similaires. Quelle était votre motivation à faire ce type de travail ? Qu'avez-vous appris de vos expériences?

Observez maintenant votre situation actuelle. Demandez-vous : « Comment puis-je appliquer les leçons que j'ai apprises ? Comment puis-je vivre ma vie de la manière la plus avisée possible? ».

Asseyez-vous avec la colonne vertébrale bien droite, posez les mains sur les genoux. Contractez les muscles de votre corps, puis laissez-les se détendre. Demandez-vous honnêtement s'il y a quelque chose que vous voulez changer à ce stade de votre vie, puis réfléchissez à la manière dont vous pouvez y parvenir. (voir chapitre 6)

EXERCICE — RÉFLEXION SUR L'IMPERMANENCE

Souvenez-vous d'une perte et d'un changement que vous avez vécu à un certain moment de votre vie et contemplez les idées suivantes :

- Ce qui est né vieillira et mourra.
- Ce qui a été rassemblé sera dispersé.
- Ce qui a été accumulé s'épuisera.
- Ce qui a été construit s'effondrera.

De la même manière, l'amitié et l'inimitié, la fortune et l'affliction, toutes les pensées traversant notre esprit — tout est en perpétuel changement.

Rappelez-vous que l'impermanence est simplement la vérité de l'essence de la vie, et par conséquent, la seule chose sur laquelle nous ayons vraiment emprise est le moment présent.

Comment cet entendement pourrait-il vous aider à faire face à la perte d'un être cher ?

Comment cela pourrait-il changer votre point de vue sur les différentes sortes de pertes auxquelles nous sommes confrontés — la perte d'êtres bien-aimés, la perte d'un emploi, ou de tout autre chose qui nous est chère ? Il est également bon de se rappeler que les changements ne sont pas nécessairement synonymes de malheur — ils peuvent dans certains cas vous être très bénéfiques, bien que cela ne soit pas évident de le discerner au départ. En réfléchissant à tous ces questionnements, asseyez-vous le dos bien droit, sentez votre corps se détendre et prenez quelques profondes et calmes respirations. Quelles leçons la vérité de l'impermanence recèle-t-elle pour vous ? (voir chapitre 7)

Notes

CHAPITRE 1 : INTRODUCTION AU BONHEUR

1. Pour une présentation simple du concept bouddhiste d'éveil et sur la manière dont nous pouvons suivre le chemin de l'éveil, référez-vous à Shar Khentrul Jamphel Lodrö, *Dévoiler votre vérité sacrée : Une découverte graduelle de l'éveil selon la tradition Jonang-Shambhala de Kalachakra*, Melbourne, Institut bouddhiste tibétain Rimé, 2015, en anglais ; traduction française en cours.

2. Voir Martin Seligman, *Bonheur authentique : la nouvelle psychologie positive vous aide à réaliser votre potentiel pour un bien-être durable*, Varennes, ADA, 2005.

3. La question du « seuil de bonheur » a été l'un des principaux thèmes abordés lors d'une conférence réunissant des scientifiques occidentaux et le Dalaï-Lama à la fin de l'année 2004, qui s'était penchée sur le nouveau domaine passionnant de la « neuroplasticité ». Ces débats ont été compilés dans Sharon Begley (éd.), *Train Your Mind, Change Your Brain*, New York, Ballantine Books, 2007, p. 226-229 ; en anglais. De même, cette question est abordée par Norman Doidge dans *The Brain that Changes Itself*, New York, Viking, 2007 ; en anglais.

4. Plusieurs perspectives sur le bonheur émanant de philosophes occidentaux sont superbement décrites en termes simples dans *Les Consolations de la Philosophie*, Alain de Botton, Paris, Mercure de France, 2001.

5. Un guide pratique de la thérapie cognitive peut être trouvé dans l'ouvrage de David Burns, Être bien dans sa peau : *traitement éprouvé cliniquement pour vaincre la dépression, l'anxiété et les troubles de l'humeur*, Québec, éditions Héritage, 2005.

6. Voir P. Brickman, D. Coates et R. Janoff-Bulman, « Lottery winners and accident victims: is happiness relative? », *Journal of Personal and Social Psychology* 36, 1978, p. 917-927 ; en anglais.

7. Voir T. Elbert, C. Pantev, C. Wienbruch, B. Rockstroh et E. Taub, « Increased cortical representation of the fingers of the left hand in string players », *Science* 270, 1995, p. 305-307 ; en anglais.

8. Voir A. Lutz, L. L. Greischar, N. B. Rawlings, M. Ricard et R. J. Davidson, « Long-term meditators self-induce high amplitude gamma synchrony during mental practice », *Proceedings of the National Academy of Sciences* 101, 2004, p. 16369-16373 ; en anglais.

9. Voir, de nouveau, Sharon Begley (éd.), *Train Your Mind, Change Your Brain*, p. 226-229.

CHAPITRE 2 : EXPLORER LES CONDITIONS DU BONHEUR

10. Le phénomène de « communion » a fait l'objet de recherches approfondies de la part des psychologues — voir M. Csikszentmihalhyi, *Vivre, la Psychologie du bonheur*, Paris, Robert Laffont, 2006. D'un

point de vue bouddhiste, cela s'apparente à l'atteinte d'un état de concentration en un seul point — bien qu'il s'agisse d'un état d'esprit heureux et empli de félicité, il ne correspond pas au degré de bonheur le plus profond.

11. Le domaine de la psychologie positive énumère six vertus ou forces clés qui se sont avérées communes à presque toutes les traditions : sagesse, courage, amour et humanité, justice, tempérance et transcendance (ou spiritualité). Travailler à améliorer les qualités vertueuses d'une personne est désormais considéré comme une forme importante de psychothérapie. Voir Martin Seligman, *Bonheur authentique*, p. 125-161.

12. Voir Tal Ben-Shahar, *Even Happier: A Gratitude Journal for Daily Joy and Lasting Fulfillment*, New York, McGraw-Hill, 2010, p. 9–11; en anglais.

13. C'est le principe de base d'une forme de psychothérapie appelée ACT (Acceptance and Commitment Therapy, thérapie d'acceptation et d'engagement). Elle utilise des exercices de pleine conscience pour s'attaquer directement au problème de l'évitement expérientiel, lequel exacerbe notre souffrance, car nous sommes aux prises avec des pensées et des sentiments indésirables, et revivons des événements douloureux. Dans le même temps, nous nous concentrons sur la création d'une vie riche et épanouissante. Bien que la réduction des symptômes d'un patient ne soit pas le but de la thérapie, ils s'amenuisent la plupart du temps comme résultat. Voir Russel Harris, « Embracing Your Demons: an Overview of Acceptance and Commitment Therapy », *Psychotherapy in Australia* 12 (4), p. 2-8; en anglais.

14. L'approche consistant à prendre conscience ou à comprendre nos tendances négatives est le pilier de la psychothérapie occidentale depuis de nombreuses années. La thérapie cognitive entend nous aider à identifier nos schémas de pensée transitoires, puis à trouver les présuppositions cachées, qui sous-tendent ces pensées. La psychanalyse, quant à elle, parle de « mécanismes de défense » tels que le déni, la répression ou le passage à l'acte, lesquels bloquent les expériences douloureuses du passé ; la prise de conscience et la compréhension de ces schémas peuvent nous aider à accepter le passé et à aller de l'avant.

CHAPITRE 3 : L'ENFANCE — SEMER LES GRAINES DU BONHEUR

15. La psychologie moderne soutient l'idée que les parents jouent un rôle crucial en semant des graines dans l'esprit de leurs enfants, cela même sans qu'ils le sachent. Il a même été dit que les enfants peuvent « enregistrer » les messages parentaux ou que les parents peuvent hypnotiser leur enfant, voir Steve Biddulph, *Le Secret des enfants heureux*, Paris, Marabout, 2006. Nous espérons que discuter de questions importantes, telles que celles évoquées dans ces histoires, contribuera à créer un environnement familial propice à la réception de messages positifs par les enfants.

16. L'histoire d'une amitié et L'histoire de l'attention sont toutes deux adaptées de récits tirés de la vie du Bouddha, comme présentés dans Tich Nhat Hanh, *Sur les traces de Siddharta, Découvrir les enseignements du Bouddha en cheminant à ses côtés*, Paris, Pocket, 1998.

CHAPITRE 4 : ADOLESCENTS — S'ENGAGER DANS LA BONNE VOIE

17. Tal Ben-Sahar parle de trois éléments cruciaux à prendre en compte lors du choix d'une carrière ou de notre engagement dans un objectif quelconque : les points forts, le plaisir et le sens. Nous devons nous demander : « Quels sont nos points forts ? » « Qu'est-ce qui nous procure du plaisir ? » et « Qu'est-ce qui nous donne du sens ? » Il suggère également de mettre par écrit ce que vous aimeriez vraiment faire (quelque chose venant d'une profonde conviction personnelle ou d'un fort intérêt), puis de vérifier si cela est influencé de quelque manière que ce soit par les attentes des autres. En supposant que vous voulez vraiment faire quelque chose, ce que les autres en pensent n'a finalement aucune importance. Voir Tal Ben-Shahar, Happier : Learn the Secrets to Daily Joy and Lasting Fulfillment, New York, McGraw Hill, 2007, p. 103–105; en anglais.

18. Dans la tradition bouddhiste tantrique, on parle d'un système psychophysique dynamique à l'intérieur de notre corps, qui peut être concrètement perçu après de nombreuses années d'entraînement yogique. Lorsque nous considérons le corps humain comme une ville, les canaux sont ses routes, le souffle intérieur est comme un cheval et l'esprit est comme son cavalier (visualisés comme essences subtiles à des endroits particuliers du corps). Pour une explication plus détaillée, voir Sogyal Rinpoché, Le livre tibétain de la vie et de la mort, Paris, Livre de Poche, 2005, p. 450-451.

CHAPITRE 5 : LE DÉBUT DE L'ÂGE ADULTE — UNE DEUXIÈME CHANCE DE DÉVELOPPER LA SAGESSE

19. La psychologie moderne s'accorde également à dire qu'il est crucial d'avoir une vision mature de l'amour romantique. Voir Tal Ben-Shahar, *Happier : Learn the Secrets to Daily Joy and Lasting Fulfillment*, p. 111–122; en anglais.

20. Le degré d'intelligence émotionnelle des couples est un facteur clé de leur longévité et de la consolidation de la relation. Selon John Gottman, c'est une compétence qui s'apprend. Il s'agit notamment d'apprendre à se concentrer sur les qualités de l'autre, d'interagir fréquemment et ouvertement, de partager des valeurs et des centres d'intérêt, ainsi que de résoudre les conflits de manière mature, en étant toujours prêt à faire des compromis. Voir John Gottman & Nan Silver, *Les couples heureux ont leurs secrets : Les sept lois de la réussite*, Paris, Le Grand Livre du Mois, 2000. Pour un guide pratique sur le thème de l'intelligence émotionnelle, voir également Jeanne Segal, *The Language of Emotional Intelligence : The Five Essential Tools for Building Powerful and Effective Relationships*, New York, McGraw Hill, 2008; en anglais.

21. De nombreuses études menées dans le domaine émergeant de la médecine psychocorporelle examinent le lien entre un esprit paisible et un corps en bonne santé. Pour une discussion pratique sur les relations entre le stress et les états pathologiques, voir Craig Hassed, *Know Thyself : the Stress Relief Program*, Melbourne, Michelle Anderson Publishing, 2006, p. 18–22; en anglais (et les références qui y figurent).

22. Dans la tradition bouddhiste tibétaine, la forme la plus élevée de compassion est connue sous le nom de bodhicitta, le souhait altruiste d'atteindre l'éveil afin de conduire tous les êtres vivants à l'éveil. Voir aussi Shar Khentrul Jamphel Lodrö, *Dévoiler votre vérité sacrée*.

23. Extrait du *Dīgha Nikāya*, les Longs Discours du Bouddha (DN31).

CHAPITRE 6 : LE MILIEU DE LA VIE — L'ÂGE DE L'EXPÉRIENCE

24. Le Noble Sentier Octuple comprend : la vue juste, l'intention juste, l'action juste, la parole juste, les moyens d'existence justes, l'effort juste, la concentration juste et l'attention juste. Les deux premières étapes représentent la sagesse, les quatre suivantes la discipline et les deux dernières la concentration. Il existe de nombreuses approches différentes pour comprendre les enseignements bouddhistes. Une bonne introduction est donnée par Walpola Rahula, *L'enseignement du Bouddha d'après les textes les plus anciens*, Paris, Points, 2014. Pour une description des étapes sur le chemin de l'illumination, voir Shar Khentrul Jamphel Lodrö, *Dévoiler votre vérité sacrée*.

25. Il existe de nombreux récits de la vie extraordinaire du 16e Karmapa. Voir, par exemple, Ken Holmes, Karmapa, Forres, Altea Publishing, 1995 ; en anglais. Je mentionne également mon propre maître racine, Kyabje Lobsang Trinley, dont j'ai pu personnellement observer l'inlassable dévouement au profit des autres, ainsi qu'être témoin de nombreux signes miraculeux durant sa vie et sa mort.

26. Pour des consignes sur la façon de trouver et de suivre un maître spirituel authentique, voir, par exemple, Sa Sainteté le Dalaï-Lama, *Cheminer vers l'éveil*, Paris, Points, 2011. Pour une discussion approfondie, voir également Shar Khentrul Jamphel Lodrö, *Dévoiler votre vérité sacrée*.

27. Extrait du Dīgha Nikāya, les Longs Discours du Bouddha (DN 31). Dans ce sutra, Bouddha discute de l'éthique et des pratiques des disciples laïcs.

28. La psychologie occidentale s'accorde à reconnaître que les hommes et les femmes voient le monde de manière subtilement différente. Les exemples donnés ici sont basés sur John Gray, *Les hommes viennent de Mars, les femmes viennent de Vénus*, Paris, J'ai Lu, 2011.

29. Une excellente référence pour les parents, qui rejoint bon nombre des idées présentées ici, est Steve Biddulph, *Le Secret des enfants heureux*, Paris, Marabout, 2006.

30. Dans la psychologie moderne, un principe clé pour atteindre le bonheur au travail consiste à faire de son travail une « vocation ». Nous pouvons déterminer ce qui a du sens à nos yeux, et trouver nos points forts, puis apprendre à percevoir le travail d'une manière qui est personnellement significative, tout en nous concentrant sur nos forces ou nos qualités. Voir Martin Seligman, *Bonheur authentique : la nouvelle psychologie positive vous aide à réaliser votre potentiel pour un bien-être durable*, Varennes, ADA, 2005.

CHAPITRE 7 : LA MATURITÉ — L'ÂGE DE LA SAGESSE

31. Pour une discussion et une réflexion approfondies sur la mort et l'impermanence du point de vue bouddhiste, voir Shar Khentrul Jamphel Lodrö, *Dévoiler votre vérité sacrée*.

32. Il s'agit de l'histoire de Krisha Gotami, telle qu'elle est racontée dans Sogyal Rinpoché, *Le livre tibétain de la vie et de la mort*, p. 73-75.

33. Nous pouvons choisir une tradition ou une communauté spirituelle qui nous aide à cultiver notre « vie intérieure » et nos bonnes qualités, mais nous pouvons aussi trouver de l'aide dans certains livres pratiques ou dans des formations en psychologie (pour autant qu'elles soient fondées sur des recherches attestées). Un bon exemple d'un tel ouvrage est : Tal Ben-Shahar, *Even Happier: A Gratitude Journal for Daily Joy and Lasting Fulfillment*, New York, McGraw-Hill, 2010; en anglais.

34. Voir : Sharon Begley, *Train Your Mind, Change Your Brain,* p. 246-249 ; en anglais (et les références qui y figurent). Voir également : Norman Doidge, *The Brain that Changes Itself* ; en anglais. Il existe désormais un certain nombre de bons livres pratiques et d'autres ressources qui peuvent nous aider à améliorer notre mémoire. L'une de ces ressources est le site Web www.lumosity.com, qui propose des exercices en ligne visant à améliorer les différents aspects de la fonction mentale, étayés par des recherches scientifiques solides. Une autre ressource utile, qui peut profiter aux personnes de tout âge, est la suivante : Tony Buzan, *Use Your Head: Innovative Learning and Thinking Techniques to Fulfill Your Mental Potential*, Harlow, Educational Publishers LLP, 2006; en anglais.

35. Pour une discussion sur les avantages de développer la gratitude, du point de vue de la psychologie moderne, voir : Martin Seligman, *Bonheur authentique.*

Chapitre 8 : Le troisième âge — Préparer le départ de cette vie

36. Pour une discussion approfondie de la vision bouddhiste du karma et de la réincarnation, y compris une « preuve » logique de ces deux principes, voir Shar Khentrul Jamphel Lodrö, *Dévoiler votre vérité sacrée.*

37. De nombreuses recherches ont été menées sur les avantages psychologiques à aider les autres ; par exemple, le travail bénévole peut contribuer à réduire les niveaux de dépression et d'anxiété, et aider les autres à s'abstenir de boire peut contribuer à prévenir les rechutes chez les anciens alcooliques. Une grande partie de ces recherches est présentée dans Stephen Post, *Why Good Things Happen to Good People*, New York, Broadway, 2007 ; en anglais.

38. Pour une présentation approfondie de la vision bouddhiste tradi-
    tionnelle de la souffrance, voir Shar Khentrul Jamphel Lodrö, *Dévoi-
    ler votre vérité sacrée*.

39. Pour une discussion approfondie des étapes que nous traversons
    lorsque nous sommes confrontés au diagnostic d'une maladie en
    phase terminale, voir Elizabeth Kübler-Ross, *On Death and Dying*,
    Londres, Tavistock/Routledge, 1989; en anglais. La recherche de
    Kubler-Ross était basée sur une série d'entretiens avec des patients
    mourants, dont les transcriptions figurent dans son livre.

40. Pour une description plus détaillée du processus de dissolution exté-
    rieure et intérieure au moment de la mort, selon la tradition boudd-
    histe tibétaine, voir Sogyal Rinpoché, *Le livre tibétain de la vie et de
    la mort*, p. 448-463. Voir également Shar Khentrul Jamphel Lodrö,
    Dévoiler votre vérité sacrée.

41. L'un des plus grands maîtres tibétains de la dernière génération, le
    16e Karmapa, est mort dans un hôpital occidental des États-Unis en
    1981. Certains des détails remarquables de sa mort, dont le récit de
    l'un de ses médecins traitants, sont relatés dans Reginald Ray, Secret
    of the Vajra World, Boston, Shambala, 2001, p. 465-480; en anglais.

42. La période de transition, ou l'état intermédiaire entre la mort et la
    renaissance dans un nouveau corps sont décrits de manière très dé-
    taillée dans la tradition bouddhiste tibétaine. Voir Sogyal Rinpoché,
    Le livre tibétain de la vie et de la mort, p. 513-533. Pour une descrip-
    tion plus détaillée, voir Shar Khentrul Jamphel Lodrö, *Dévoiler votre
    vérité sacrée*.

43. Un livre de référence utile pour ceux qui souhaitent commencer et
    maintenir une pratique de méditation est Graham Williams, *Life*

in Balance : the Lifeflow Guide to Meditation, Adelaide, Print Know How 2008; en anglais. D'autres bonnes références incluent Ajahn Brahm, *Manuel de méditation selon le bouddhisme theravada*, Paris, Almora, 2016, et B. Alan Wallace, *The Attention Revolution : Unlocking the Power of the Focused Mind*, Boston, Wisdom, 2006; en anglais. Voir également Shar Khentrul Jamphel Lodrö, *Dévoiler votre vérité sacrée*.

44. Des détails plus complets sur la pratique traditionnelle de purification de Vajrasattva peuvent être trouvés au chapitre 16 de Shar Khentrul Jamphel Lodrö, *Dévoiler votre vérité sacrée*.

45. Il existe de nombreux textes bouddhistes qui parlent de la pratique de la terre pure d'Amitābha et des caractéristiques de Sukhavati, que vous pouvez souhaiter rechercher; certains d'entre eux sont en fait basés sur les visions directes de maîtres hautement réalisés. L'un des textes tibétains les plus précieux a été composé au XIXe siècle par le lama Tsoknyi Gyamtso, et consiste en plus de cent pages décrivant ce royaume pur. Je souhaite profondément traduire ce texte dans un avenir proche et le rendre largement disponible.

46. En ce qui concerne les recherches sur l'expérience de mort imminente, voir, par exemple, Kenneth Ring, *Sur la frontière de la vie*, Paris, Alphée, 2008.

47. Elizabeth Kübler-Ross, *Mémoires de vies, mémoires d'éternité, la mort n'existe pas*, Paris, Pocket, 1999.

48. Elizabeth Kübler-Ross, *Mémoires de vies, mémoires d'éternité, la mort n'existe pas*, Paris, Pocket, 1999, p. 288.

49. Récemment, plusieurs Occidentaux ont été reconnus comme des

réincarnations. Voir Vickie MacKenzie, *Enfants de la Réincarnation, Aujourd'hui des lamas tibétains se réincarnent en Occident*, Paris, Robert Laffont, 1996.

50. Pendant de nombreuses années, le Dr Ian Stevenson a recueilli des preuves détaillées sur plus de deux mille cas d'enfants se souvenant de vies antérieures. Voir Ian Stevenson, *20 cas suggérant le phénomène de réincarnation, L'enquête la plus sérieuse au monde*, Paris, J'ai Lu, 2007, et Jane Henry (éd.), *Parapsychology Research on Exceptional Experiences*, Londres, Routledge, 2005 ; en anglais. Malheureusement, ces recherches sont souvent critiquées parce qu'elles ne sont pas considérées comme « conventionnelles » — cependant, je crois qu'il nous serait très utile de les évaluer avec un esprit critique, mais ouvert, comme nous le ferions pour la science « conventionnelle ».

Ressources

LIVRES PRATIQUES S'INSPIRANT DE PSYCHOLOGIE MODERNE

Tal Ben-Shahar, *Even Happier: A Gratitude Journal for Daily Joy and Lasting Fulfillment*, New York, McGraw-Hill, 2010; en anglais.

Tal Ben-Shahar, *Happier: Learn the Secrets to Daily Joy and Lasting Fulfillment*, New York, McGraw-Hill, 2007; en anglais.

Steve Biddulph, *Le Secret des enfants heureux*, Paris, Marabout, 2006.

John Bradshaw, *S'affranchir de la honte, Un guide pour se libérer des émotions toxiques et des comportements destructeurs*, Paris, J'ai Lu, 2015.

David Burns, Être bien dans sa peau : traitement éprouvé cliniquement pour vaincre la dépression, l'anxiété et les troubles de l'humeur, Québec, Héritage, 2005.

John Gottman & Nan Silver, *Les couples heureux ont leurs secrets : Les sept lois de la réussite*, Paris, Le Grand Livre du Mois, 2000.

Russ Harris, *Le piège du bonheur*, Paris, Pocket, 2017.

Craig Hassed, *Know Thyself: the Stress Relief Program*, Melbourne, Michelle Anderson Publishing, 2006; en anglais.

Jeanne Segal, *The Language of Emotional Intelligence: The Five Essential Tools for Building Powerful and Effective Relationships*, New York, McGraw Hill, 2008; en anglais.

Martin Seligman, *Bonheur authentique : la nouvelle psychologie positive vous aide à réaliser votre potentiel pour un bien-être durable*, Varennes, ADA, 2005.

Timothy Sharp, *The Happiness Handbook*, Sydney, Finch, 2007; en anglais.

INFORMATIONS SUR LA VIE SPIRITUELLE (D'UN POINT DE VUE BOUDDHISTE)

Bikkhu Bodhi (éd), *In the Buddha's Words: An Anthology of Discourses From the Pali Canon*, Boston, Wisdom, 2005; voir également, en français, Mohan Wijayaratna, *Sermons du Bouddha, La traduction intégrale de 20 textes du canon bouddhique*, Paris, Points, 2016.

Ajahn Chah, *A Still Forest Pool: The Insight Meditation of Ajahn Chah*, compilé par Jack Kornfield et Paul Breiter, New York, Quest, 1986.

Sa Sainteté le Dalaï-Lama, *Cheminer vers l'éveil*, Paris, Points, 2011.

Sa Sainteté le dalaï-lama, *Comment pratiquer le bouddhisme*, Paris, Pocket, 2003.

Philip Kapleau, *Les Trois Piliers du Zen*, Paris, Almora, 2016.

Walpola Rahula, *L'enseignement du Bouddha d'après les textes les plus anciens*, Paris, Points, 2014.

Shar Khentrul Rinpoche Jamphel Lodro, *A Secret Incarnation: Reflections on the Life of a Tibetan Lama*, Melbourne, TBRI, 2014; en anglais.

Shar Khentrul Jamphel Lodrö, *Dévoiler votre vérité sacrée : Une découverte graduelle de l'éveil selon la tradition Jonang-Shambhala de Kalachakra*, Melbourne, TBRI, 2014, en anglais; traduction française en cours.

A propos de l'auteur

Shar Khentrul Jamphel Lodrö Rinpoche à passé les vingt premières années de sa vie à garder des yacks et chanter des mantras sur les plateaux Tibétains. Inspiré par les bodhisattvas, il a quitté sa famille pour étudier dans de nombreux monastères sous l'égide de plus de vingt-cinq maîtres de toutes les traditions du Bouddhisme Tibétain. En raison de son approche non-sectaire, il a obtenu le titre de Maître Rimé (non-partial) et identifié comme la réincarnation du célèbre maître du tantra de Kalachakra, Ngawang Chözin Gyatso. Khentrul Rinpoche est considéré comme la septième émanation du Bodhisattva Akasagarbha. Lorsqu'il a été choisi pour devenir enseignant (Khenpo)du monastère prestigieux de Tsangwa à Dzamthang (Tibet), Rinpoche a préféré renoncé à cette position en faveur d'une pratique stricte.

La reconnaissance de la grande valeur de toutes les traditions spirituelles du monde est au cœur de son enseignement, cependant il se concentre sur la tradition Jonang-Kalachakra. La lignée Jonang, considérée comme éteinte par de nombreux universitaires occidentaux, détient les enseignements les plus avancés du tantra de Kalachakra (la roue du temps) contenant les méthodes profondes pour harmoniser notre environnement extérieur avec le monde intérieur de notre corps et atteindre l'esprit d'éveil.

Depuis 2014, il a voyagé dans plus de trente pays, guidant des étudiants vers la réalisation de leur propre vérité sacrée au potentiel illimité à travers une présentation claire et systématique de la voie de Kalachakra.

En enseignant aux personnes comment cultiver un esprit flexible libéré de préjugés, Khentrul Rinpoche aspire à créer des communautés basées sur la compassion, générant ainsi en ce monde en un âge d'or global de paix et d'harmonie.

Shar Khentrul Jamphel Lodrö

La Vision de Rinpoche

Dzokden à été fondé dans le but express de soutenir Khentrul Rinpoche dans la réalisation de sa vision: apporte un Âge d'Or de paix et d'harmonie dans ce monde. Alors que notre communauté continue de s›agrandir et de se développer, de plus en plus d'individus s'engagent dans cet effort extraordinaire.

Pour vous offrir un aperçu de la vision de Rinpoche nous pouvons parler de huit objectifs qui reflètent les priorités de Rinpoche à court et long terme:

Objectifs Immédiat

D'un point de vue ultime, le bonheur véritable, durable, n'est possible qu'à travers une transformation personnelle profonde. Maintenant plus que jamais nous avons besoin de méthodes pour développer notre sagesse et réaliser notre plus grand potentiel. C'est pour cette raison que Rinpoche à placé une si grande priorité à la préservation de la lignée Jonang-Kalachakra. Selon Rinpoche il y a quatre manière pour réaliser cela:

1. **Créer les opportunités pour se connecter avec une lignée authentique et complète de Kalachakra en étroite collaboration avec des méditants dévoués dans le Tibet reculé.** Notre but est de créer tous les soutiens nécessaires à la pratique de Kalachakra en accord

avec les maîtres authentiques de la lignée qui ont soutenu cette tradition depuis des centaines d'années. Nous faisons cela en faisant confectionner des statues et des peintures, écrire des livres et offrir des enseignements tout autour du monde. Nous mettons beaucoup d'énergie à nous assurer de l'authenticité de nos matériels, puisant dans la profonde expérience de méditants hautements réalisés qui ont dédiés leur vie à cette pratique.

2. **Etablir des centres de retraites internationaux pour l'étude et la pratique de Kalachakra.** Dans le but d'intégrer ces enseignements dans nos esprits il est crucial d'avoir l'opportunité de s'engager dans des périodes de pratiques intensives. C'est pourquoi nous travaillons pour créer les infrastructures nécessaires qui pourront supporter et nourrir les membres de notre communauté qui s'engagent dans des retraites à la fois courtes ou longues. Cela inclut l'achat de terres et de bâtisses et tout le nécessaire pour conduire des retraites de groupes ou solitaires. Notre objectif à long terme est le développement d'un réseau de ces centres tout autour du monde, formant une communauté globale qui puisse supporter une grande variété de pratiquants.

3. **Traduire et publier les textes rares et uniques des maîtres du Tantra de Kalachakra.** Le système de Kalachakra a été le sujet d'une multitude de textes à travers la longue histoire du Tibet. Pour le moment seul une infime fraction de ces textes a été traduite et rendue accessible aux occidentaux. Malgré l'importance des textes théoriques, notre objectif est de nous concentrer particulièrement sur les instructions fondamentales qui peuvent guider les pratiquants vers une expérience plus pénétrante de cette pratique profonde.

4. **Développer les outils et les programmes pour organiser l'apprentissage.** Avec des groupes d'étudiants répartis tout autour du monde

nous croyons qu'il est important de mettre à contribution la plupart des technologies modernes afin de faciliter le processus d'apprentissage de nos étudiants. Notre objectif est de développer une plateforme en ligne solide pour permettre à notre communauté internationale d'accéder à des programmes d'étude de qualité à la fois intuitifs, structurés et engageants.

OBJECTIFS À LONG TERME

Tandis que nous travaillons à l'achèvement de la paix et de l'harmonie à l'intérieur de nos propres esprits, nous ne devons pas perdre de vue le fait que nous vivons dans un monde empli d'une grande diversité d'individus. Ces individus ont donné naissance à une grande variété de croyances et de pratiques qui mettent en forme comment se relier et comment interagir avec les autres. Dans cette réalité interdépendante il est vital de trouver des stratégies viables afin de promouvoir une plus grande tolérance et un plus grand respect. A cette fin, Rinpoche propose quatres sphères d'activités:

1. **Promouvoir le développement d'une Philosophie Rimé à travers le dialogue avec les autres traditions.** Avec le désir d'être un membre constructif de cette société plurielle, nous avons besoin de découvrir des moyens de réconciliation de nos différences. A cette fin nous avons pour objectif d'aider les personnes à développer les qualités qui mettent en valeur l'attitude d'un respect mutuel, ouvert aux nouvelles idées et un désir curieux de surmonter notre ignorance.

2. **Développer un modèle hautement réaliser en offrant un support financier au pratiquant dédiés.** Dans le but d'assurer l'authenticité de notre tradition spirituelle, il est impératif qu'il y ait des personnes qui atteignent les plus hautes réalisations. C'est pourquoi, nous aspirons à créer des programmes de soutien financier pour les véri-

tables pratiquants qui souhaitent dédier leur vie au développement spirituel, indépendamment de leur système de pratique. En aidant les individus à réaliser les enseignements ils deviennent des modèles positifs pour ceux qui les entourent, inspirant et guidant les générations à venir.

3. **Réaliser le grand potentiel des pratiquants féminins en développant des programmes d'enseignement spécialisés.** La culture tibétaine possède une longue histoire montrant des maîtres devenus hautement réalisés grâce à l'entraînement intensif de personnes reconnues comme ayant un grand potentiel. Malheureusement, trop souvent, la recherche de ce potentiel c'est concentrée uniquement sur les candidats masculins. Rinpoche crois qu'il est de plus en plus important de trouver un rôle féminin fort et hautement réalisé qui peut aider à apporter un grand équilibre à notre monde. Pour cette raison, nous travaillons à la création d'un programme unique pour offrir aux femmes l'opportunité d'actualiser leur potentiel total. Notre objectif est de créer un parcours spécifique ainsi qu'une infrastructure financière pour soutenir pleinement tous les aspects de leur éducation.

4. **Promouvoir une plus grande flexibilité d'esprit et une compréhension plus large de la réalité à travers des programmes d'éducation modernes.** Dans un monde qui évolue rapidement, nous avons besoin de repenser les compétences que nous enseignons à nos enfants. Les structures rigides du passé sont souvent mises à mal lorsqu'il s'agit de préparer les étudiants aux challenges auxquels ils feront face durant leurs vies. C'est pourquoi nous avons pour objectif de développer une grande variété de programmes éducatifs qui peuvent aider les enfants à devenir plus flexibles et capables de mieux s'adapter aux différents contextes. Une part importante de ce programme est le développement d'une plus grande conscience du rôle que joue notre

esprit dans l'expérience du quotidien. Nous avons également pour but d'apporter des réformes dans le système d'éducation monastique afin de le rendre plus pertinent avec le monde moderne.

APPORTER SON SOUTIEN?

Tout ceci ne peut être possible sans votre support et votre participation. Une vision de cette ampleur demande de nombreux mérites et une grande générosité de la part de nombreux bienfaiteurs et durant de nombreuses années. Si vous souhaitez offrir votre soutien, n'hésitez pas à nous contacter.

Dzokden
3436 Divisadero Street
San Francisco, California 94123
United States of America

www.dzokden.org